打赢脱贫攻坚战

——帮扶脱贫攻坚案例选

本书编写组◎编

安徽师范大学出版社

·芜湖·

图书在版编目(CIP)数据

打赢脱贫攻坚战:帮扶脱贫攻坚案例选 / 本书编写组编. —芜湖:安徽师范大学出版社,2019.1

ISBN 978-7-5676-3832-7

Ⅰ.①打… Ⅱ.①本… Ⅲ.①扶贫—案例—芜湖Ⅳ.①F127.543

中国版本图书馆CIP数据核字(2018)第249060号

打赢脱贫攻坚战——帮扶脱贫攻坚案例选

DAYING TUOPIN GONGJIANZHAN　BANGFUTUOPIN GONGJIAN ANLI XUAN

本书编写组◎编

责任编辑:孔令清
装帧设计:丁奕奕
出版发行:安徽师范大学出版社
芜湖市九华南路189号安徽师范大学花津校区　邮政编码:241002
网　址:http://www.ahnupress.com/
发 行 部:0553-3883578　5910327　5910310(传真)　E-mail:asdcbsfxb@126.com
印　刷:浙江新华数码印务有限公司
版　次:2019年1月第1版
印　次:2019年1月第1次印刷
规　格:700 mm × 1000 mm　1/16
印　张:14.5
字　数:230千字
书　号:ISBN 978-7-5676-3832-7
定　价:77.00元

前言

消除贫困，是人类有史以来梦寐以求的理想，也是社会主义逐步实现共同富裕的本质要求。改革开放以来，共产党人的积极探索、艰苦奋斗，中国贫困治理取得了举世瞩目的成就，使7亿多人口摆脱了贫困。党的十八大以来，以习近平同志为核心的党中央不忘初心，驰而不息扶贫开发，形成了完备的精准扶贫精准脱贫战略思想和实践特色，成为新时代全面建成小康社会、实现中华民族伟大复兴的制胜法宝。我校主动适应新形势、新任务、新要求，充分发挥培训轮训党员干部的主阵地作用、党的理论和政策研究与宣传的重要阵地作用、党委和政府决策的思想库作用，认真履行干部培训、科学研究、决策咨询等重要职能，着力为扶贫脱贫工作提供智力支持和人才保障。

聚集干部教育培训。紧紧围绕中心，服务大局，开展全市帮扶干部培训。培训围绕帮助广大党员干部全面理解帮扶脱贫攻坚的总体部署和方针政策，深入解读习近平总书记关于精准扶贫精准脱贫的战略思想和党中央国务院关于帮扶脱贫开发的各项政策和措施；围绕明确各级党政领导落实扶贫脱贫攻坚的主体责任和相关要求，深入讲解帮扶政策、乡村振兴、群众工作等专题课程；围绕解决问题、提高能力，有针对性地开展基础设施改善、产业发展、旅游开发、生态改善等方面的教育培训，进一步提升党员干部帮扶脱贫攻坚的能力和水平。

促进开展研讨式案例教学。不断深化教学改革，推进教学方式创新是

《党校工作条例》对党校干部教育的要求。早在1990年，中央党校分管科研的副校长邢贲思首次提出“教学科研一体化”命题。这一命题的提出意义重大，它是对党校教育规律认识的升华。在对这一问题的持续的探索解决过程中，全国各地党校陆续形成了“以科研为基础、以教学为中心”的工作思路。2003年，中央党校在各地党校探索实践的基础上，提出“研究式学习”的教学理念和方法。2005年5月，中央党校首次举办了案例教学研究班。此后，一些地方党校也相继举办了案例教学研讨班，开展了境内外的案例教学师资培训，以提高案例教学能力。2009年，芜湖市委党校在大量前期调研基础上，在部分主体班次如中青年干部培训班、公务员任职培训班课程设置上，增加了以案例教学为主要形式的研究式教学课程比例。通过几年的不断探索，以案例教学为主要形式的研究式教学取得了长足进展。从案例教学的分布上看，行政管理、法学、经济学等教学专题都相继采用了案例分析、情景模拟、结构化研讨等类型。从案例教学的形式上看，教学已经形成三种模式。一是案例研究式。即学员选取自己工作中直接或间接遇到的问题（真实事件）选择主题，在党校教师的指导下收集各种资料，撰写一份2000—5000字的研究报告或工作案例，教师在指导学员中进行讲评并打分。如2018年开设了以“脱贫攻坚能力提升”为专题的培训班，我们安排教师，让学员分组调研，掌握大量第一手材料，开展了以案例教学为重点的研究式教学。二是案例模拟式。即选定一个主题，将学员分成若干个小组，教师分发相关材料给学员，然后课堂现场开会（如听证会、班子例会、新闻发布会、劳资谈判等），教师现场点评。三是案例实操式。即课前将某一事件的相关材料发给学员，上课时教师作简要的背景介绍并假定学员的身份，要求学员经1—3个小时的讨论（结构化研讨），当场起草一份工作文件。如2013年在群众路线教育实践活动中，我们编选大量生动典型的案例，辅以“思考和启示”，对乡镇干部进行培训，后来收到良好的效益，《人民日报》对我校的做法做了专题报道。

农村贫困人口脱贫是全面建成小康社会的“突出短板”，在“十三五”规划建议中被称为“最艰巨的任务”，在党的十九大报告中被称为

“我们党的庄严承诺”。我校因时而动，顺势而为，坚持在党为党，在党言党，坚守一方之责，释放一己之力，深入我市帮扶脱贫主战场、第一线，挖掘芜湖本地帮扶脱贫攻坚的案例，推进精准扶贫精准脱贫战略思想进教材、进课堂、进头脑。此次《打赢脱贫攻坚战——帮扶脱贫攻坚案例选》编辑出版，聚焦市委市政府帮扶脱贫攻坚的中心工作，精选了我市帮扶脱贫攻坚中的典型案例，意在发挥政策引导的作用。本书中既有我们的经验总结，也有规律探析和研究，具有一定的实践性、典型性和针对性。本书的出版，是我校教材体系建设的一次试水，相信这对满足干部教育培训需求，提升帮扶干部队伍的能力，持续推进精准扶贫精准脱贫，不断增进民生福祉，切实增强人民群众获得感、幸福感、安全感，加快打造现代化创新之城有重要意义。

芜湖市委党校常务副校长 陈旭东

2018年10月

目　录

政策篇

实践篇

案例篇

政策篇

本篇主要收录了中央、省、市级的部分扶贫文件，意在从宏观层面强调，扶贫工作是党和国家的一项重大的民生工程，是实现中华民族伟大复兴的中国梦必不可少的部分。

中共中央　国务院
关于打赢脱贫攻坚战的决定
（2015年11月29日）

确保到2020年农村贫困人口实现脱贫，是全面建成小康社会最艰巨的任务。现就打赢脱贫攻坚战作出如下决定。

一、增强打赢脱贫攻坚战的使命感紧迫感

消除贫困、改善民生、逐步实现共同富裕，是社会主义的本质要求，是我们党的重要使命。改革开放以来，我们实施大规模扶贫开发，使7亿农村贫困人口摆脱贫困，取得了举世瞩目的伟大成就，谱写了人类反贫困历史上的辉煌篇章。党的十八大以来，我们把扶贫开发工作纳入“四个全面”战略布局，作为实现第一个百年奋斗目标的重点工作，摆在更加突出的位置，大力实施精准扶贫，不断丰富和拓展中国特色扶贫开发道路，不断开创扶贫开发事业新局面。

我国扶贫开发已进入啃硬骨头、攻坚拔寨的冲刺期。中西部一些省（自治区、直辖市）贫困人口规模依然较大，剩下的贫困人口贫困程度较深，减贫成本更高，脱贫难度更大。实现到2020年让7000多万农村贫困人口摆脱贫困的既定目标，时间十分紧迫、任务相当繁重。必须在现有基础上不断创新扶贫开发思路和办法，坚决打赢这场攻坚战。

扶贫开发事关全面建成小康社会，事关人民福祉，事关巩固党的执政基础，事关国家长治久安，事关我国国际形象。打赢脱贫攻坚战，是促进

全体人民共享改革发展成果、实现共同富裕的重大举措，是体现中国特色社会主义制度优越性的重要标志，也是经济发展新常态下扩大国内需求、促进经济增长的重要途径。各级党委和政府必须把扶贫开发工作作为重大政治任务来抓，切实增强责任感、使命感和紧迫感，切实解决好思想认识不到位、体制机制不健全、工作措施不落实等突出问题，不辱使命、勇于担当，只争朝夕、真抓实干，加快补齐全面建成小康社会中的这块突出短板，决不让一个地区、一个民族掉队，实现《中共中央关于制定国民经济和社会发展第十三个五年规划的建议》确定的脱贫攻坚目标。

二、打赢脱贫攻坚战的总体要求

（一）指导思想

全面贯彻落实党的十八大和十八届二中、三中、四中、五中全会精神，以邓小平理论、“三个代表”重要思想、科学发展观为指导，深入贯彻习近平总书记系列重要讲话精神，围绕“四个全面”战略布局，牢固树立并切实贯彻创新、协调、绿色、开放、共享的发展理念，充分发挥政治优势和制度优势，把精准扶贫、精准脱贫作为基本方略，坚持扶贫开发与经济社会发展相互促进，坚持精准帮扶与集中连片特殊困难地区开发紧密结合，坚持扶贫开发与生态保护并重，坚持扶贫开发与社会保障有效衔接，咬定青山不放松，采取超常规举措，拿出过硬办法，举全党全社会之力，坚决打赢脱贫攻坚战。

（二）总体目标

到2020年，稳定实现农村贫困人口不愁吃、不愁穿，义务教育、基本医疗和住房安全有保障。实现贫困地区农民人均可支配收入增长幅度高于全国平均水平，基本公共服务主要领域指标接近全国平均水平。确保我国现行标准下农村贫困人口实现脱贫，贫困县全部摘帽，解决区域性整体贫困。

（三）基本原则

坚持党的领导，夯实组织基础。充分发挥各级党委总揽全局、协调各方的领导核心作用，严格执行脱贫攻坚一把手负责制，省市县乡村五级书记一起抓。切实加强贫困地区农村基层党组织建设，使其成为带领群众脱贫致富的坚强战斗堡垒。

坚持政府主导，增强社会合力。强化政府责任，引领市场、社会协同发力，鼓励先富帮后富，构建专项扶贫、行业扶贫、社会扶贫互为补充的大扶贫格局。

坚持精准扶贫，提高扶贫成效。扶贫开发贵在精准，重在精准，必须解决好扶持谁、谁来扶、怎么扶的问题，做到扶真贫、真扶贫、真脱贫，切实提高扶贫成果可持续性，让贫困人口有更多的获得感。

坚持保护生态，实现绿色发展。牢固树立绿水青山就是金山银山的理念，把生态保护放在优先位置，扶贫开发不能以牺牲生态为代价，探索生态脱贫新路子，让贫困人口从生态建设与修复中得到更多实惠。

坚持群众主体，激发内生动力。继续推进开发式扶贫，处理好国家、社会帮扶和自身努力的关系，发扬自力更生、艰苦奋斗、勤劳致富精神，充分调动贫困地区干部群众积极性和创造性，注重扶贫先扶智，增强贫困人口自我发展能力。

坚持因地制宜，创新体制机制。突出问题导向，创新扶贫开发路径，由“大水漫灌”向“精准滴灌”转变；创新扶贫资源使用方式，由多头分散向统筹集中转变；创新扶贫开发模式，由偏重“输血”向注重“造血”转变；创新扶贫考评体系，由侧重考核地区生产总值向主要考核脱贫成效转变。

三、实施精准扶贫方略，加快贫困人口精准脱贫

（一）健全精准扶贫工作机制

抓好精准识别、建档立卡这个关键环节，为打赢脱贫攻坚战打好基础，为推进城乡发展一体化、逐步实现基本公共服务均等化创造条件。按照扶持对象精准、项目安排精准、资金使用精准、措施到户精准、因村派人精准、脱贫成效精准的要求，使建档立卡贫困人口中有5000万人左右通过产业扶持、转移就业、易地搬迁、教育支持、医疗救助等措施实现脱贫，其余完全或部分丧失劳动能力的贫困人口实行社保政策兜底脱贫。对建档立卡贫困村、贫困户和贫困人口定期进行全面核查，建立精准扶贫台账，实行有进有出的动态管理。根据致贫原因和脱贫需求，对贫困人口实行分类扶持。建立贫困户脱贫认定机制，对已经脱贫的农户，在一定时期内让其继续享受扶贫相关政策，避免出现边脱贫、边返贫现象，切实做到应进则进、应扶则扶。抓紧制定严格、规范、透明的国家扶贫开发工作重点县退出标准、程序、核查办法。重点县退出，由县提出申请，市（地）初审，省级审定，报国务院扶贫开发领导小组备案。重点县退出后，在攻坚期内国家原有扶贫政策保持不变，抓紧制定攻坚期后国家帮扶政策。加强对扶贫工作绩效的社会监督，开展贫困地区群众扶贫满意度调查，建立对扶贫政策落实情况和扶贫成效的第三方评估机制。评价精准扶贫成效，既要看减贫数量，更要看脱贫质量，不提不切实际的指标，对弄虚作假搞“数字脱贫”的，要严肃追究责任。

（二）发展特色产业脱贫

制定贫困地区特色产业发展规划。出台专项政策，统筹使用涉农资金，重点支持贫困村、贫困户因地制宜发展种养业和传统手工业等。实施贫困村“一村一品”产业推进行动，扶持建设一批贫困人口参与度高的特

色农业基地。加强贫困地区农民合作社和龙头企业培育，发挥其对贫困人口的组织和带动作用，强化其与贫困户的利益联结机制。支持贫困地区发展农产品加工业，加快一二三产业融合发展，让贫困户更多分享农业全产业链和价值链增值收益。加大对贫困地区农产品品牌推介营销支持力度。依托贫困地区特有的自然人文资源，深入实施乡村旅游扶贫工程。科学合理有序开发贫困地区水电、煤炭、油气等资源，调整完善资源开发收益分配政策。探索水电利益共享机制，将从发电中提取的资金优先用于水库移民和库区后续发展。引导中央企业、民营企业分别设立贫困地区产业投资基金，采取市场化运作方式，主要用于吸引企业到贫困地区从事资源开发、产业园区建设、新型城镇化发展等。

（三）引导劳务输出脱贫

加大劳务输出培训投入，统筹使用各类培训资源，以就业为导向，提高培训的针对性和有效性。加大职业技能提升计划和贫困户教育培训工程实施力度，引导企业扶贫与职业教育相结合，鼓励职业院校和技工学校招收贫困家庭子女，确保贫困家庭劳动力至少掌握一门致富技能，实现靠技能脱贫。进一步加大就业专项资金向贫困地区转移支付力度。支持贫困地区建设县乡基层劳动就业和社会保障服务平台，引导和支持用人企业在贫困地区建立劳务培训基地，开展好订单定向培训，建立和完善输出地与输入地劳务对接机制。鼓励地方对跨省务工的农村贫困人口给予交通补助。大力支持家政服务、物流配送、养老服务等产业发展，拓展贫困地区劳动力外出就业空间。加大对贫困地区农民工返乡创业政策扶持力度。对在城镇工作生活一年以上的农村贫困人口，输入地政府要承担相应的帮扶责任，并优先提供基本公共服务，促进有能力在城镇稳定就业和生活的农村贫困人口有序实现市民化。

（四）实施易地搬迁脱贫

对居住在生存条件恶劣、生态环境脆弱、自然灾害频发等地区的农村贫困人口，加快实施易地扶贫搬迁工程。坚持群众自愿、积极稳妥的原则，因地制宜选择搬迁安置方式，合理确定住房建设标准，完善搬迁后续扶持政策，确保搬迁对象有业可就、稳定脱贫，做到搬得出、稳得住、能致富。要紧密结合推进新型城镇化，编制实施易地扶贫搬迁规划，支持有条件的地方依托小城镇、工业园区安置搬迁群众，帮助其尽快实现转移就业，享有与当地群众同等的基本公共服务。加大中央预算内投资和地方各级政府投入力度，创新投融资机制，拓宽资金来源渠道，提高补助标准。积极整合交通建设、农田水利、土地整治、地质灾害防治、林业生态等支农资金和社会资金，支持安置区配套公共设施建设和迁出区生态修复。利用城乡建设用地增减挂钩政策支持易地扶贫搬迁。为符合条件的搬迁户提供建房、生产、创业贴息贷款支持。支持搬迁安置点发展物业经济，增加搬迁户财产性收入。探索利用农民进城落户后自愿有偿退出的农村空置房屋和土地安置易地搬迁农户。

（五）结合生态保护脱贫

国家实施的退耕还林还草、天然林保护、防护林建设、石漠化治理、防沙治沙、湿地保护与恢复、坡耕地综合整治、退牧还草、水生态治理等重大生态工程，在项目和资金安排上进一步向贫困地区倾斜，提高贫困人口参与度和受益水平。加大贫困地区生态保护修复力度，增加重点生态功能区转移支付。结合建立国家公园体制，创新生态资金使用方式，利用生态补偿和生态保护工程资金使当地有劳动能力的部分贫困人口转为护林员等生态保护人员。合理调整贫困地区基本农田保有指标，加大贫困地区新一轮退耕还林还草力度。开展贫困地区生态综合补偿试点，健全公益林补偿标准动态调整机制，完善草原生态保护补助奖励政策，推动地区间建立横向生态补偿制度。

（六）着力加强教育脱贫

加快实施教育扶贫工程，让贫困家庭子女都能接受公平有质量的教育，阻断贫困代际传递。国家教育经费向贫困地区、基础教育倾斜。健全学前教育资助制度，帮助农村贫困家庭幼儿接受学前教育。稳步推进贫困地区农村义务教育阶段学生营养改善计划。加大对乡村教师队伍建设的支持力度，特岗计划、国培计划向贫困地区基层倾斜，为贫困地区乡村学校定向培养留得下、稳得住的一专多能教师，制定符合基层实际的教师招聘引进办法，建立省级统筹乡村教师补充机制，推动城乡教师合理流动和对口支援。全面落实连片特困地区乡村教师生活补助政策，建立乡村教师荣誉制度。合理布局贫困地区农村中小学校，改善基本办学条件，加快标准化建设，加强寄宿制学校建设，提高义务教育巩固率。普及高中阶段教育，率先从建档立卡的家庭经济困难学生实施普通高中免除学杂费、中等职业教育免除学杂费，让未升入普通高中的初中毕业生都能接受中等职业教育。加强有专业特色并适应市场需求的中等职业学校建设，提高中等职业教育国家助学金资助标准。努力办好贫困地区特殊教育和远程教育。建立保障农村和贫困地区学生上重点高校的长效机制，加大对贫困家庭大学生的救助力度。对贫困家庭离校未就业的高校毕业生提供就业支持。实施教育扶贫结对帮扶行动计划。

（七）开展医疗保险和医疗救助脱贫

实施健康扶贫工程，保障贫困人口享有基本医疗卫生服务，努力防止因病致贫、因病返贫。对贫困人口参加新型农村合作医疗个人缴费部分由财政给予补贴。新型农村合作医疗和大病保险制度对贫困人口实行政策倾斜，门诊统筹率先覆盖所有贫困地区，降低贫困人口大病费用实际支出，对新型农村合作医疗和大病保险支付后自负费用仍有困难的，加大医疗救助、临时救助、慈善救助等帮扶力度，将贫困人口全部纳入重特大疾病救助范围，使贫困人口大病医治得到有效保障。加大农村贫困残疾人康复服务和医疗救助力度，扩大纳入基本医疗保险范围的残疾人医疗康复项目。建立贫困人口健康卡。对贫困人口大病实行分类救治和先诊疗后付费的结算机制。建立全国三级医院（含军队和武警部队医院）与连片特困地区县和国家扶贫开发工作重点县县级医院稳定持续的一对一帮扶关系。完成贫困地区县乡村三级医疗卫生服务网络标准化建设，积极促进远程医疗诊治和保健咨询服务向贫困地区延伸。为贫困地区县乡医疗卫生机构订单定向免费培养医学类本专科学生，支持贫困地区实施全科医生和专科医生特设岗位计划，制定符合基层实际的人才招聘引进办法。支持和引导符合条件的贫困地区乡村医生按规定参加城镇职工基本养老保险。采取针对性措施，加强贫困地区传染病、地方病、慢性病等防治工作。全面实施贫困地区儿童营养改善、新生儿疾病免费筛查、妇女“两癌”免费筛查、孕前优生健康免费检查等重大公共卫生项目。加强贫困地区计划生育服务管理工作。

（八）实行农村最低生活保障制度兜底脱贫

完善农村最低生活保障制度，对无法依靠产业扶持和就业帮助脱贫的家庭实行政策性保障兜底。加大农村低保省级统筹力度，低保标准较低的地区要逐步达到国家扶贫标准。尽快制定农村最低生活保障制度与扶贫开发政策有效衔接的实施方案。进一步加强农村低保申请家庭经济状况核查工作，将所有符合条件的贫困家庭纳入低保范围，做到应保尽保。加大临时救助制度在贫困地区落实力度。提高农村特困人员供养水平，改善供养条件。抓紧建立农村低保和扶贫开发的数据互通、资源共享信息平台，实现动态监测管理、工作机制有效衔接。加快完善城乡居民基本养老保险制度，适时提高基础养老金标准，引导农村贫困人口积极参保续保，逐步提高保障水平。有条件、有需求地区可以实施“以粮济贫”。

（九）探索资产收益扶贫

在不改变用途的情况下，财政专项扶贫资金和其他涉农资金投入设施农业、养殖、光伏、水电、乡村旅游等项目形成的资产，具备条件的可折股量化给贫困村和贫困户，尤其是丧失劳动能力的贫困户。资产可由村集体、合作社或其他经营主体统一经营。要强化监督管理，明确资产运营方对财政资金形成资产的保值增值责任，建立健全收益分配机制，确保资产收益及时回馈持股贫困户。支持农民合作社和其他经营主体通过土地托管、牲畜托养和吸收农民土地经营权入股等方式，带动贫困户增收。贫困地区水电、矿产等资源开发，赋予土地被占用的村集体股权，让贫困人口分享资源开发收益。

（十）健全留守儿童、留守妇女、留守老人和残疾人关爱服务体系

对农村“三留守”人员和残疾人进行全面摸底排查，建立详实完备、动态更新的信息管理系统。加强儿童福利院、救助保护机构、特困人员供养机构、残疾人康复托养机构、社区儿童之家等服务设施和队伍建设，不断提高管理服务水平。建立家庭、学校、基层组织、政府和社会力量相衔接的留守儿童关爱服务网络。加强对未成年人的监护。健全孤儿、事实无人抚养儿童、低收入家庭重病重残等困境儿童的福利保障体系。健全发现报告、应急处置、帮扶干预机制，帮助特殊贫困家庭解决实际困难。加大贫困残疾人康复工程、特殊教育、技能培训、托养服务实施力度。针对残疾人的特殊困难，全面建立困难残疾人生活补贴和重度残疾人护理补贴制度。对低保家庭中的老年人、未成年人、重度残疾人等重点救助对象，提高救助水平，确保基本生活。引导和鼓励社会力量参与特殊群体关爱服务工作。

四、加强贫困地区基础设施建设，加快破除发展瓶颈制约

（一）加快交通、水利、电力建设

推动国家铁路网、国家高速公路网连接贫困地区的重大交通项目建设，提高国道省道技术标准，构建贫困地区外通内联的交通运输通道。大幅度增加中央投资投入中西部地区和贫困地区的铁路、公路建设，继续实

施车购税对农村公路建设的专项转移政策，提高贫困地区农村公路建设补助标准，加快完成具备条件的乡镇和建制村通硬化路的建设任务，加强农村公路安全防护和危桥改造，推动一定人口规模的自然村通公路。加强贫困地区重大水利工程、病险水库水闸除险加固、灌区续建配套与节水改造等水利项目建设。实施农村饮水安全巩固提升工程，全面解决贫困人口饮水安全问题。小型农田水利、“五小水利”工程等建设向贫困村倾斜。对贫困地区农村公益性基础设施管理养护给予支持。加大对贫困地区抗旱水源建设、中小河流治理、水土流失综合治理力度。加强山洪和地质灾害防治体系建设。大力扶持贫困地区农村水电开发。加强贫困地区农村气象为农服务体系和灾害防御体系建设。加快推进贫困地区农网改造升级，全面提升农网供电能力和供电质量，制定贫困村通动力电规划，提升贫困地区电力普遍服务水平。增加贫困地区年度发电指标。提高贫困地区水电工程留存电量比例。加快推进光伏扶贫工程，支持光伏发电设施接入电网运行，发展光伏农业。

（二）加大“互联网+”扶贫力度

完善电信普遍服务补偿机制，加快推进宽带网络覆盖贫困村。实施电商扶贫工程。加快贫困地区物流配送体系建设，支持邮政、供销合作等系统在贫困乡村建立服务网点。支持电商企业拓展农村业务，加强贫困地区农产品网上销售平台建设。加强贫困地区农村电商人才培训。对贫困家庭开设网店给予网络资费补助、小额信贷等支持。开展互联网为农便民服务，提升贫困地区农村互联网金融服务水平，扩大信息进村入户覆盖面。

（三）加快农村危房改造和人居环境整治

加快推进贫困地区农村危房改造，统筹开展农房抗震改造，把建档立卡贫困户放在优先位置，提高补助标准，探索采用贷款贴息、建设集体公租房等多种方式，切实保障贫困户基本住房安全。加大贫困村生活垃圾处理、污水治理、改厕和村庄绿化美化力度。加大贫困地区传统村落保护力度。继续推进贫困地区农村环境连片整治。加大贫困地区以工代赈投入力度，支持农村山水田林路建设和小流域综合治理。财政支持的微小型建设项目，涉及贫困村的，允许按照一事一议方式直接委托村级组织自建自管。以整村推进为平台，加快改善贫困村生产生活条件，扎实推进美丽宜居乡村建设。

（四）重点支持革命老区、民族地区、边疆地区、连片特困地区脱贫攻坚

出台加大脱贫攻坚力度支持革命老区开发建设指导意见，加快实施重点贫困革命老区振兴发展规划，扩大革命老区财政转移支付规模。加快推进民族地区重大基础设施项目和民生工程建设，实施少数民族特困地区和特困群体综合扶贫工程，出台人口较少民族整体脱贫的特殊政策措施。改善边疆民族地区义务教育阶段基本办学条件，建立健全双语教学体系，加大教育对口支援力度，积极发展符合民族地区实际的职业教育，加强民族地区师资培训。加强少数民族特色村镇保护与发展。大力推进兴边富民行动，加大边境地区转移支付力度，完善边民补贴机制，充分考虑边境地区特殊需要，集中改善边民生产生活条件，扶持发展边境贸易和特色经济，使边民能够安心生产生活、安心守边固边。完善片区联系协调机制，加快实施集中连片特殊困难地区区域发展与脱贫攻坚规划。加大中央投入力度，采取特殊扶持政策，推进西藏、四省藏区和新疆南疆四地州脱贫攻坚。

五、强化政策保障，健全脱贫攻坚支撑体系

（一）加大财政扶贫投入力度

发挥政府投入在扶贫开发中的主体和主导作用，积极开辟扶贫开发新的资金渠道，确保政府扶贫投入力度与脱贫攻坚任务相适应。中央财政继

续加大对贫困地区的转移支付力度，中央财政专项扶贫资金规模实现较大幅度增长，一般性转移支付资金、各类涉及民生的专项转移支付资金和中央预算内投资进一步向贫困地区和贫困人口倾斜。加大中央集中彩票公益金对扶贫的支持力度。农业综合开发、农村综合改革转移支付等涉农资金要明确一定比例用于贫困村。各部门安排的各项惠民政策、项目和工程，要最大限度地向贫困地区、贫困村、贫困人口倾斜。各省（自治区、直辖市）要根据本地脱贫攻坚需要，积极调整省级财政支出结构，切实加大扶贫资金投入。从2016年起通过扩大中央和地方财政支出规模，增加对贫困地区水电路气网等基础设施建设和提高基本公共服务水平的投入。建立健全脱贫攻坚多规划衔接、多部门协调长效机制，整合目标相近、方向类同的涉农资金。按照权责一致原则，支持连片特困地区县和国家扶贫开发工作重点县围绕本县突出问题，以扶贫规划为引领，以重点扶贫项目为平台，把专项扶贫资金、相关涉农资金和社会帮扶资金捆绑集中使用。严格落实国家在贫困地区安排的公益性建设项目取消县级和西部连片特困地区地市级配套资金的政策，并加大中央和省级财政投资补助比重。在扶贫开发中推广政府与社会资本合作、政府购买服务等模式。加强财政监督检查和审计、稽查等工作，建立扶贫资金违规使用责任追究制度。纪检监察机关对扶贫领域虚报冒领、截留私分、贪污挪用、挥霍浪费等违法违规问题，坚决从严惩处。推进扶贫开发领域反腐倡廉建设，集中整治和加强预防扶贫领域职务犯罪工作。贫困地区要建立扶贫公告公示制度，强化社会监督，保障资金在阳光下运行。

（二）加大金融扶贫力度

鼓励和引导商业性、政策性、开发性、合作性等各类金融机构加大对扶贫开发的金融支持。运用多种货币政策工具，向金融机构提供长期、低成本的资金，用于支持扶贫开发。设立扶贫再贷款，实行比支农再贷款更优惠的利率，重点支持贫困地区发展特色产业和贫困人口就业创业。运用适当的政策安排，动用财政贴息资金及部分金融机构的富余资金，对接政策性、开发性金融机构的资金需求，拓宽扶贫资金来源渠道。由国家开发银行和中国农业发展银行发行政策性金融债，按照微利或保本的原则发放长期贷款，中央财政给予90%的贷款贴息，专项用于易地扶贫搬迁。国家开发银行、中国农业发展银行分别设立“扶贫金融事业部”，依法享受税收优惠。中国农业银行、邮政储蓄银行、农村信用社等金融机构要延伸服务网络，创新金融产品，增加贫困地区信贷投放。对有稳定还款来源的扶贫项目，允许采用过桥贷款方式，撬动信贷资金投入。按照省（自治区、直辖市）负总责的要求，建立和完善省级扶贫开发投融资主体。支持农村信用社、村镇银行等金融机构为贫困户提供免抵押、免担保扶贫小额信贷，由财政按基础利率贴息。加大创业担保贷款、助学贷款、妇女小额贷款、康复扶贫贷款实施力度。优先支持在贫困地区设立村镇银行、小额贷款公司等机构。支持贫困地区培育发展农民资金互助组织，开展农民合作社信用合作试点。支持贫困地区设立扶贫贷款风险补偿基金。支持贫困地区设立政府出资的融资担保机构，重点开展扶贫担保业务。积极发展扶贫小额贷款保证保险，对贫困户保证保险保费予以补助。扩大农业保险覆盖面，通过中央财政以奖代补等支持贫困地区特色农产品保险发展。加强贫困地区金融服务基础设施建设，优化金融生态环境。支持贫困地区开展特色农产品价格保险，有条件的地方可给予一定保费补贴。有效拓展贫困地区抵押物担保范围。

（三）完善扶贫开发用地政策

支持贫困地区根据第二次全国土地调查及最新年度变更调查成果，调整完善土地利用总体规划。新增建设用地计划指标优先保障扶贫开发用地需要，专项安排国家扶贫开发工作重点县年度新增建设用地计划指标。中央和省级在安排土地整治工程和项目、分配下达高标准基本农田建设计划和补助资金时，要向贫困地区倾斜。在连片特困地区和国家扶贫开发工作重点县开展易地扶贫搬迁，允许将城乡建设用地增减挂钩指标在省域范围内使用。在有条件的贫困地区，优先安排国土资源管理制度改革试点，支持开展历史遗留工矿废弃地复垦利用、城镇低效用地再开发和低丘缓坡荒滩等未利用地开发利用试点。

（四）发挥科技、人才支撑作用

加大科技扶贫力度，解决贫困地区特色产业发展和生态建设中的关键技术问题。加大技术创新引导专项（基金）对科技扶贫的支持，加快先进适用技术成果在贫困地区的转化。深入推行科技特派员制度，支持科技特派员开展创业式扶贫服务。强化贫困地区基层农技推广体系建设，加强新型职业农民培训。加大政策激励力度，鼓励各类人才扎根贫困地区基层建功立业，对表现优秀的人员在职称评聘等方面给予倾斜。大力实施边远贫困地区、边疆民族地区和革命老区人才支持计划，贫困地区本土人才培养计划。积极推进贫困村创业致富带头人培训工程。

六、广泛动员全社会力量，合力推进脱贫攻坚

（一）健全东西部扶贫协作机制

加大东西部扶贫协作力度，建立精准对接机制，使帮扶资金主要用于贫困村、贫困户。东部地区要根据财力增长情况，逐步增加对口帮扶财政投入，并列入年度预算。强化以企业合作为载体的扶贫协作，鼓励东西部按照当地主体功能定位共建产业园区，推动东部人才、资金、技术向贫困地区流动。启动实施经济强县（市）与国家扶贫开发工作重点县“携手奔小康”行动，东部各省（直辖市）在努力做好本区域内扶贫开发工作的同时，更多发挥县（市）作用，与扶贫协作省份的国家扶贫开发工作重点县开展结对帮扶。建立东西部扶贫协作考核评价机制。

（二）健全定点扶贫机制

进一步加强和改进定点扶贫工作，建立考核评价机制，确保各单位落

实扶贫责任。深入推进中央企业定点帮扶贫困革命老区县“百县万村”活动。完善定点扶贫牵头联系机制，各牵头部门要按照分工督促指导各单位做好定点扶贫工作。

（三）健全社会力量参与机制

鼓励支持民营企业、社会组织、个人参与扶贫开发，实现社会帮扶资源和精准扶贫有效对接。引导社会扶贫重心下移，自愿包村包户，做到贫困户都有党员干部或爱心人士结对帮扶。吸纳农村贫困人口就业的企业，按规定享受税收优惠、职业培训补贴等就业支持政策。落实企业和个人公益扶贫捐赠所得税税前扣除政策。充分发挥各民主党派、无党派人士在人才和智力扶贫上的优势和作用。工商联系统组织民营企业开展“万企帮万村”精准扶贫行动。通过政府购买服务等方式，鼓励各类社会组织开展到村到户精准扶贫。完善扶贫龙头企业认定制度，增强企业辐射带动贫困户增收的能力。鼓励有条件的企业设立扶贫公益基金和开展扶贫公益信托。发挥好“10·17”全国扶贫日社会动员作用。实施扶贫志愿者行动计划和社会工作专业人才服务贫困地区计划。着力打造扶贫公益品牌，全面及时公开扶贫捐赠信息，提高社会扶贫公信力和美誉度。构建社会扶贫信息服务网络，探索发展公益众筹扶贫。

七、大力营造良好氛围，为脱贫攻坚提供强大精神动力

（一）创新中国特色扶贫开发理论

深刻领会习近平总书记关于新时期扶贫开发的重要战略思想，系统总结我们党和政府领导亿万人民摆脱贫困的历史经验，提炼升华精准扶贫的实践成果，不断丰富完善中国特色扶贫开发理论，为脱贫攻坚注入强大思想动力。

（二）加强贫困地区乡风文明建设

培育和践行社会主义核心价值观，大力弘扬中华民族自强不息、扶贫济困传统美德，振奋贫困地区广大干部群众精神，坚定改变贫困落后面貌的信心和决心，凝聚全党全社会扶贫开发强大合力。倡导现代文明理念和生活方式，改变落后风俗习惯，善于发挥乡规民约在扶贫济困中的积极作用，激发贫困群众奋发脱贫的热情。推动文化投入向贫困地区倾斜，集中实施一批文化惠民扶贫项目，普遍建立村级文化中心。深化贫困地区文明村镇和文明家庭创建。推动贫困地区县级公共文化体育设施达到国家标准。支持贫困地区挖掘保护和开发利用红色、民族、民间文化资源。鼓励文化单位、文艺工作者和其他社会力量为贫困地区提供文化产品和服务。

（三）扎实做好脱贫攻坚宣传工作

坚持正确舆论导向，全面宣传我国扶贫事业取得的重大成就，准确解读党和政府扶贫开发的决策部署、政策举措，生动报道各地区各部门精准扶贫、精准脱贫丰富实践和先进典型。建立国家扶贫荣誉制度，表彰对扶贫开发作出杰出贡献的组织和个人。加强对外宣传，讲好减贫的中国故事，传播好减贫的中国声音，阐述好减贫的中国理念。

（四）加强国际减贫领域交流合作

通过对外援助、项目合作、技术扩散、智库交流等多种形式，加强与发展中国家和国际机构在减贫领域的交流合作。积极借鉴国际先进减贫理念与经验。履行减贫国际责任，积极落实联合国2030年可持续发展议程，对全球减贫事业作出更大贡献。

八、切实加强党的领导，为脱贫攻坚提供坚强政治保障

（一）强化脱贫攻坚领导责任制

实行中央统筹、省（自治区、直辖市）负总责、市（地）县抓落实的工作机制，坚持片区为重点、精准到村到户。党中央、国务院主要负责统筹制定扶贫开发大政方针，出台重大政策举措，规划重大工程项目。省（自治区、直辖市）党委和政府对扶贫开发工作负总责，抓好目标确定、项目下达、资金投放、组织动员、监督考核等工作。市（地）党委和政府要做好上下衔接、域内协调、督促检查工作，把精力集中在贫困县如期摘帽上。县级党委和政府承担主体责任，书记和县长是第一责任人，做好进度安排、项目落地、资金使用、人力调配、推进实施等工作。要层层签订脱贫攻坚责任书，扶贫开发任务重的省（自治区、直辖市）党政主要领导要向中央签署脱贫责任书，每年要向中央作扶贫脱贫进展情况的报告。省（自治区、直辖市）党委和政府要向市（地）、县（市）、乡镇提出要求，层层落实责任制。中央和国家机关各部门要按照部门职责落实扶贫开发责任，实现部门专项规划与脱贫攻坚规划有效衔接，充分运用行业资源做好扶贫开发工作。军队和武警部队要发挥优势，积极参与地方扶贫开发。改进县级干部选拔任用机制，统筹省（自治区、直辖市）内优秀干部，选好配强扶贫任务重的县党政主要领导，把扶贫开发工作实绩作为选拔使用干部的重要依据。脱贫攻坚期内贫困县县级领导班子要保持稳定，对表现优秀、符合条件的可以就地提级。加大选派优秀年轻干部特别是后备干部到贫困地区工作的力度，有计划地安排省部级后备干部到贫困县挂职任职，各省（自治区、直辖市）党委和政府也要选派厅局级后备干部到贫困县挂职任职。各级领导干部要自觉践行党的群众路线，切实转变作风，把严的要求、实的作风贯穿于脱贫攻坚始终。

（二）发挥基层党组织战斗堡垒作用

加强贫困乡镇领导班子建设，有针对性地选配政治素质高、工作能力强、熟悉“三农”工作的干部担任贫困乡镇党政主要领导。抓好以村党组织为领导核心的村级组织配套建设，集中整顿软弱涣散村党组织，提高贫困村党组织的创造力、凝聚力、战斗力，发挥好工会、共青团、妇联等群团组织的作用。选好配强村级领导班子，突出抓好村党组织带头人队伍建设，充分发挥党员先锋模范作用。完善村级组织运转经费保障机制，将村干部报酬、村办公经费和其他必要支出作为保障重点。注重选派思想好、作风正、能力强的优秀年轻干部到贫困地区驻村，选聘高校毕业生到贫困村工作。根据贫困村的实际需求，精准选配第一书记，精准选派驻村工作队，提高县以上机关派出干部比例。加大驻村干部考核力度，不稳定脱贫不撤队伍。对在基层一线干出成绩、群众欢迎的驻村干部，要重点培养使用。加快推进贫困村村务监督委员会建设，继续落实好“四议两公开”、村务联席会等制度，健全党组织领导的村民自治机制。在有实际需要的地区，探索在村民小组或自然村开展村民自治，通过议事协商，组织群众自觉广泛参与扶贫开发。

（三）严格扶贫考核督查问责

抓紧出台中央对省（自治区、直辖市）党委和政府扶贫开发工作成效考核办法。建立年度扶贫开发工作逐级督查制度，选择重点部门、重点地区进行联合督查，对落实不力的部门和地区，国务院扶贫开发领导小组要向党中央、国务院报告并提出责任追究建议，对未完成年度减贫任务的省份要对党政主要领导进行约谈。各省（自治区、直辖市）党委和政府要加快出台对贫困县扶贫绩效考核办法，大幅度提高减贫指标在贫困县经济社会发展实绩考核指标中的权重，建立扶贫工作责任清单。加快落实对限制开发区域和生态脆弱的贫困县取消地区生产总值考核的要求。落实贫困县约束机制，严禁铺张浪费，厉行勤俭节约，严格控制“三公”经费，坚决刹住穷县“富衙”“戴帽”炫富之风，杜绝不切实际的形象工程。建立重大涉贫事件的处置、反馈机制，在处置典型事件中发现问题，不断提高扶贫工作水平。加强农村贫困统计监测体系建设，提高监测能力和数据质量，实现数据共享。

（四）加强扶贫开发队伍建设

稳定和强化各级扶贫开发领导小组和工作机构。扶贫开发任务重的省（自治区、直辖市）、市（地）、县（市）扶贫开发领导小组组长由党政主要负责同志担任，强化各级扶贫开发领导小组决策部署、统筹协调、督促落实、检查考核的职能。加强与精准扶贫工作要求相适应的扶贫开发队伍和机构建设，完善各级扶贫开发机构的设置和职能，充实配强各级扶贫开发工作力度。扶贫任务重的乡镇要有专门干部负责扶贫开发工作。加强贫困地区县级领导干部和扶贫干部思想作风建设，加大培训力度，全面提升扶贫干部队伍能力水平。

（五）推进扶贫开发法治建设

各级党委和政府要切实履行责任，善于运用法治思维和法治方式推进扶贫开发工作，在规划编制、项目安排、资金使用、监督管理等方面，提高规范化、制度化、法治化水平。强化贫困地区社会治安防控体系建设和基层执法队伍建设。健全贫困地区公共法律服务制度，切实保障贫困人口合法权益。完善扶贫开发法律法规，抓紧制定扶贫开发条例。

让我们更加紧密地团结在以习近平同志为总书记的党中央周围，凝心聚力，精准发力，苦干实干，坚决打赢脱贫攻坚战，为全面建成小康社会、实现中华民族伟大复兴的中国梦而努力奋斗。

中共安徽省委　安徽省人民政府
关于坚决打赢脱贫攻坚战的决定

（2015年12月8日）

为贯彻落实党中央、国务院关于打赢脱贫攻坚战的战略部署，确保到2020年现行标准下农村贫困人口实现脱贫，确保贫困县全部摘帽，全面建成小康社会，现就坚决打赢脱贫攻坚战作出如下决定。

一、切实增强坚决打赢脱贫攻坚战的使命感紧迫感

消除贫困、改善民生、逐步实现共同富裕，是社会主义的本质要求，是党的重要使命。全面建成小康社会、实现第一个百年奋斗目标，农村贫困人口全部脱贫是一个标志性指标。各级党委、政府要把扶贫开发纳入“四个全面”战略布局，作为实现第一个百年目标的重点工作，摆在更加突出的位置，大力实施精准扶贫、精准脱贫，不断创新扶贫开发体制机制，努力开创扶贫开发新局面。

改革开放以来，特别是党的十八大以来，各级党委、政府认真贯彻党中央、国务院决策部署，通过全省上下的共同努力，我省扶贫开发取得了显著成效。但必须清醒地看到，目前我省贫困面仍然较大，贫困人口仍然较多，贫困程度较深，致贫原因复杂，脱贫成本增加，脱贫难度加大，到2020年实现农村贫困人口全部摆脱贫困，时间十分紧迫、任务相当繁重。各级党委、政府必须深刻认识脱贫攻坚的艰巨性、复杂性，创新扶贫开发思路和办法，采取超常规举措，拿出过硬办法，确保在既定时间节点打赢

脱贫攻坚战。

扶贫开发事关全面建成小康社会，事关人民福祉，事关巩固党的执政基础，事关国家长治久安。坚决打赢脱贫攻坚战，是促进全体人民共享改革发展成果、实现共同富裕的重大举措，是体现中国特色社会主义制度优越性、建设美好安徽的重要标志，是新常态下扩大内需、促进经济增长的重要途径。各级党委、政府必须把思想和行动统一到中央决策部署上来，把扶贫开发工作作为重大政治任务来抓，切实增强责任感、使命感和紧迫感，切实增强思想自觉和行动自觉，以更明确的目标、更有力的措施、更有效的行动、更务实的作风，不辱使命、勇于担当，只争朝夕、真抓实干，加快补齐全面建成小康社会中的这块突出短板，决不让一个贫困地区、一个贫困群众掉队，确保贫困群众与全省人民同步迈入全面小康社会。

二、准确把握坚决打赢脱贫攻坚战的总体要求

（一）指导思想

全面贯彻落实党的十八大和十八届二中、三中、四中、五中全会和中央扶贫开发工作会议精神，以邓小平理论、“三个代表”重要思想、科学发展观为指导，深入学习贯彻习近平总书记系列重要讲话精神，围绕“四个全面”战略布局，牢固树立并切实贯彻创新、协调、绿色、开放、共享的发展理念，充分发挥政治优势和制度优势，把精准扶贫、精准脱贫作为基本方略，坚持扶贫开发与经济社会发展相互促进，坚持精准扶贫与社会保障有效衔接，坚持扶贫开发与生态保护并重，以大别山区和皖北地区为主战场，动员各方力量，举全省全社会之力，坚决打赢脱贫攻坚战。

（二）目标任务

按照“确保农村贫困人口实现脱贫，确保贫困县全部摘帽，解决区域

性整体贫困”的总要求，实行“三年集中攻坚、两年巩固提升”，到2018年，全省总体上达到脱贫标准；到2020年，现行标准下农村贫困人口全部脱贫，稳定实现不愁吃、不愁穿，义务教育、基本医疗和住房安全有保障，实现贫困地区农民人均可支配收入增长幅度高于全省平均水平，基本公共服务主要领域指标接近全省平均水平；贫困村年集体经济收入力争达到5万元以上；贫困县全部摘帽，解决区域性整体贫困。

（三）基本原则

坚持党的领导，实行分级负责。充分发挥各级党委总揽全局、协调各方的领导核心作用，严格执行脱贫攻坚一把手负责制，切实把扶贫开发工作作为政治任务、民生之本摆到重要日程，层层压实责任，一级对一级负责。切实加强贫困地区农村基层党组织建设，使其成为带领群众脱贫致富的坚强战斗堡垒。

坚持政府主导，实施合力攻坚。强化政府责任，引领市场、社会协同发力，鼓励先富帮后富，构建专项扶贫、行业扶贫、社会扶贫互为补充的大扶贫格局，形成脱贫攻坚合力。

坚持精准扶贫，实行分类指导。找准扶贫对象、致贫原因和帮扶需求，坚持因地制宜、分类指导，制定帮扶措施，做到一村一策、一户一法，扶真贫、真扶贫、真脱贫，切实提高扶贫针对性和有效性。

坚持群众主体，激发内生动力。继续推进开发式扶贫，处理好政府、社会帮扶和自身努力的关系，发扬自力更生、艰苦奋斗、勤劳致富精神，充分调动群众积极性和创造性，注重扶贫先扶智，切实增强贫困群众脱贫致富的内生动力。

坚持保护生态，实现绿色发展。牢固树立绿水青山就是金山银山的理念，把生态保护放在优先位置，坚持扶贫开发与生态保护相统一，积极探索生态脱贫新路子，让贫困人口从生态保护和生态建设中得到更多实惠。

坚持改革创新，完善体制机制。坚持以问题为导向，以改革为动力，以提高扶贫成效为目标，创新扶贫开发路径，由“大水漫灌”向“精准滴灌”转变；创新扶贫资源使用方式，由多头分散向统筹集中转变；创新扶贫开发模式，由偏重“输血”向注重“造血”转变；创新扶贫考核体系，由侧重考核地区生产总值向主要考核脱贫成效转变。

三、坚持精准扶贫方略，大力实施脱贫攻坚十大工程

按照精准扶贫、精准脱贫要求，扎实做好建档立卡，认真制定扶贫对象和需求清单、脱贫时限清单、扶贫措施清单、脱贫责任清单，明确脱贫攻坚时间表、路线图。围绕同步实现全面小康目标，解决好“扶持谁”“谁来扶”“怎么扶”“如何退”的问题，坚持发展生产和促进就业脱贫一批、易地搬迁脱贫一批、生态保护和补偿脱贫一批、发展教育脱贫一批、社会保障兜底一批，做到扶持对象精准、项目安排精准、资金使用精准、措施到户精准、因村派人精准、脱贫成效精准，实施脱贫攻坚十大工程，通过有效帮扶解决288万贫困人口脱贫问题，对完全或部分丧失劳动力的113万贫困人口通过社保政策兜底实现脱贫，全面完成脱贫攻坚任务。

（一）实施产业脱贫工程

1.大力发展特色种养业扶贫。制定贫困地区特色种养业发展规划，统筹使用涉农资金，重点支持贫困村、贫困户因地制宜发展特色种养业和传统手工业。实施贫困村“一村一品”产业推进行动，建设一批贫困人口参与度高的特色农业基地。到2018年，每个贫困村至少发展1项特色种养业，使每个有劳动能力的贫困家庭至少能从事1项特色种养业，贫困县建成特色支柱产业体系。大力发展农业产业化经营，支持贫困地区建设农产品生产基地和发展农产品加工业，加快一二三产业融合发展，让贫困户更多分享农业全产业链和价值链增值收益。加强贫困地区农民合作社和龙头企业培育，强化其与贫困户的利益联结机制。

2.大力发展光伏扶贫。鼓励和支持无劳动力、无资源、无稳定收入来源的贫困户，以及集体经济薄弱、资源缺乏的贫困村，建设户用光伏电站

和村级光伏电站，增加贫困户和贫困村收入。积极探索创新光伏电站建设、补助资金使用和运行维护模式，提高光伏扶贫实效。

3. 大力发展乡村旅游扶贫。依托贫困地区自然资源、人文资源，按照宜游则游的原则，抓紧编制乡村旅游扶贫发展规划，制定相关扶持政策。以市场需求为导向，积极开发原生态体验、观光采摘、农家乐、垂钓休闲、养生度假等乡村旅游特色产品，推进多业态旅游融合。加强乡村旅游经营人才培训，切实提高服务水平。

4. 大力发展商贸流通扶贫。加快贫困地区现代物流体系建设，商业服务网点、农资和商品配送中心、农畜产品交易市场和农产品冷链等项目建设向贫困县倾斜，支持邮政、供销合作等系统在贫困乡村建立服务网点，大力发展贫困村农超对接、直供直销、连锁经营等新型流通业态。将“互联网+”与扶贫开发相对接，优先在贫困县实施省级电子商务示范工程创建活动，大力开展电商扶贫。加强贫困地区农村电商人才培训，对贫困家庭开设网店给予网络资费补助、小额信贷等支持。完善贫困地区县级电商服务中心、乡镇服务站和村级服务点功能及配套设施。支持电商企业拓展农村业务，加强贫困地区农产品网上销售平台建设，做到贫困村网上销售农产品和购买生产生活资料服务全覆盖。

5. 积极探索资产收益扶贫。在不改变用途的情况下，财政专项扶贫资金和其他涉农资金投入设施农业、养殖、光伏、水电、乡村旅游等项目形成的资产，具备条件的可折股量化给贫困村和贫困户，尤其是丧失劳动能力的贫困户。资产可由村集体、合作社或其他经营主体统一经营。要强化监督管理，明确资产运营方对财政资金形成资产的保值增值责任，建立健全收益分配机制，确保资产收益有效回馈持股贫困户。支持农民合作社和其他经营主体通过土地托管、牲畜托养和吸收农民土地经营权入股等方式，带动贫困户增收。贫困地区水电、矿产等资源开发，赋予土地被占用的村集体股权，让贫困人口分享资源开发收益。

（二）实施就业脱贫工程

统筹使用各类培训资源，加大职业技能培训力度，提高补贴标准，创新补贴方式，确保贫困户劳动力通过技能培训至少掌握1项致富技能。引导和支持用人单位在贫困地区建立劳务培训基地，搞好定向培训、订单培训和创业培训，积极促进大众创业、万众创新。积极开展劳务信息服务，搭建贫困劳动力和用人单位对接平台，建立完善输出与输入地劳务对接机制，鼓励地方对跨省务工的农村贫困人口给予交通补助，支持国有企业、民营企业优先吸纳贫困人口就地就业。大力实施“雨露计划”，对贫困家庭子女在中、高等职业院校就读的实施资金补助。对贫困家庭离校未就业的高校毕业生提供就业支持。鼓励贫困乡村能人带领贫困户劳动力外出务工，支持外出务工人员回乡创业，带领贫困群众就业增收，真正实现“就业一人，脱贫一户”。对在城镇工作生活一年以上的农村贫困人口，输入地政府要承担相应的帮扶责任，并优先提供基本公共服务，促进有能力在城镇稳定就业和生活的农村贫困人口有序实现市民化。

（三）实施易地扶贫搬迁工程

在居住地生存环境恶劣、生态环境脆弱、自然灾害频发、不具备基本发展条件的地方，以及居住过于分散、基础设施和公共服务设施配套难度大的地方，坚持群众自愿、积极稳妥，加快实施易地扶贫搬迁工程。抓紧编制易地扶贫搬迁专项规划、实施方案和年度计划，结合新型城镇化、工业园区建设、城镇保障性安居工程和美好乡村建设，合理安排搬迁地点、搬迁资金、搬迁进度。确定投融资主体，创新投融资模式，多渠道筹集建设资金，加强风险防控和项目资金管理。制定政策，解决搬迁贫困户宅基地、口粮田。用好城乡建设用地增减挂钩、土地整治、地质灾害防治、林业生态等政策，支持易地扶贫搬迁。提高易地扶贫搬迁补助标准，为符合条件的搬迁户提供建房、生产、创业贴息贷款支持。统一规划易地搬迁集中安置区的基础设施和公共服务设施建设，加大资金投入，优先安排实施。完善搬迁后续扶持政策，确保搬迁对象有业可就、稳定脱贫，支持搬迁安置点发展物业经济，增加搬迁户财产性收入，做到搬得出、稳得住、能致富。

（四）实施生态保护脱贫工程

加大对贫困地区重点生态功能区的投入和生态保护修复力度，开展贫困地区生态综合补偿试点，健全公益林补偿标准动态调整机制。加快生态脆弱地区治理步伐，优先支持贫困地区实施新一轮退耕还林、天然林保护、防护林建设、湿地保护与恢复、坡耕地综合整治和水生态治理等重大生态工程，提高贫困人口参与度和受益水平。创新生态资金使用方式，利用生态补偿和生态保护工程资金，使当地有劳动能力的部分贫困人口转为护林员等生态保护人员。加强防灾减灾避灾，加大滑坡、崩塌、泥石流等地质灾害防治力度，重点抓好灾害监测预警、工程治理等综合防治措施。加大贫困地区传统村落保护力度。加强贫困地区农村气象为农服务体系和灾害防御体系建设。农村环境治理投入向贫困地区倾斜，以整村推进为平台，开展以脏乱差治理、人畜分离、垃圾污水处理、改厕和村庄绿化美化为重点的环境整治，加快改善贫困地区农村人居环境。

（五）实施智力扶贫工程

1.加强教育扶贫。坚持扶贫先扶智，让贫困家庭子女都能接受公平有质量的教育，从根本上阻断贫困代际传递。按照定点定向原则，努力构建到贫困村、贫困户、贫困人口的教育精准脱贫体系，落实多元扶持与资助政策，帮助农村贫困家庭幼儿接受学前教育，改善贫困地区农村义务教育学校办学条件，稳步推进贫困地区农村义务教育阶段学生营养改善计划，率先从建档立卡的家庭经济困难学生实施普通高中教育免除学杂费、中等职业教育免除学杂费。建立完善省级统筹乡村教师补充机制，推动城乡老师合理流动和对口支援。全面落实连片特困地区乡村教师生活补助政策，建立乡村教师荣誉制度。努力办好贫困地区特殊教育和远程教育。加大对贫困家庭大学生的救助力度。实施教育扶贫结对帮扶行动计划。到2018年，在有实际需求的贫困村依托小学新建、改扩建幼儿园，使贫困地区农村学前3年入园率达到75%以上；全面完成贫困地区改善义务教育薄弱学校基本办学条件任务，使贫困地区农村义务教育学校办学条件全部达到国家规定的义务教育学校办学标准；加强有专业特色并适应市场需求的中等职业学校建设，提高中等职业教育国家助学金资助标准。

2.加强人才科技文化扶贫。建立政策激励机制，鼓励各类人才扎根贫困地区基层建功立业，对表现优秀的人员在职称评聘等方面给予倾斜。加大农村贫困地区科技扶贫支持力度，强化贫困地区基层科技服务，深入推行科技特派员制度，支持科技特派员开展“包村联户”扶贫服务。积极推进贫困村创业致富带头人培训工程。开展农业实用技术普及培训，提高贫困户劳动力致富技能。加快推进贫困地区农业标准化生产，支持贫困地区创建国家和省级农产品质量安全县，积极发展无公害农产品、绿色食品、有机食品和地理标志农产品，支持贫困地区农产品品牌推介营销。建立完善贫困地区公共文化服务体系，文化产业、文化事业专项资金向贫困地区倾斜，实施一批文化扶贫项目，提升公共文化服务水平。

（六）实施社保兜底脱贫工程

1.完善农村最低生活保障制度。对无法通过产业扶持和就业帮助实现脱贫的家庭实现政策性保障兜底。抓紧建立农村低保与建档立卡贫困人口数据互通互联、资源共享信息平台，进一步加强农村低保申请家庭经济状况核查工作，将所有符合条件的贫困家庭纳入低保范围，做到动态管理、应保尽保。加大临时救助制度在贫困地区落实力度。提高农村特困人员供养水平，改善供养条件。出台农村最低生活保障制度与扶贫开发政策有效衔接的实施办法，力争到2017年全面实现扶贫线和低保线“两线合一”。

2.健全留守儿童、妇女、老人和残疾人关爱服务体系。对农村“三留守人员”和残疾人进行全面摸底排查，建立详实完备、动态更新的信息管理系统。加强儿童福利院、救助保护机构、特困人员供养机构、残疾人康复托养机构、社区儿童之家等服务设施和队伍建设，不断提高管理服务水平。建立家庭、学校、基层组织、政府和社会力量相衔接的留守儿童关爱服务网络。加强对未成年人的监护。健全孤儿、事实无人抚养儿童、低收入家庭重病重残等困境儿童的福利保障体系。健全发现报告、应急处置、帮扶干预机制，帮助特殊贫困家庭解决实际困难。加大贫困残疾人康复工程、特殊教育、技能培训、托养服务实施力度。针对残疾人的特殊困难，全面建立困难残疾人生活补贴和重度残疾人护理补贴制度。对低保家庭中的老年人、未成年人、重度残疾人等重点救助对象，提高救助水平，确保基本生活。引导和鼓励社会力量参与特殊群体关爱服务工作。

3.加快推进贫困户危房改造。农村危房改造政策向贫困村、贫困户倾斜，整合使用危房改造、抗震改造、灾损农房恢复重建、贫困残疾人危房改造等资金，重点支持贫困户危房改造，探索采用贷款贴息、建设集体公租房等多种方式，切实保障贫困户基本住房安全。到2017年年底，完成全省3000个贫困村所有符合农村危房改造条件且自愿实施改造的贫困户危房改造任务；到2019年年底，全面完成全省存量农村贫困户危房改造任务，确保贫困群众住有所居、住得安全。

（七）实施健康脱贫工程

健全贫困地区基本医疗卫生服务体系，加强贫困地区县级医院、县级妇幼保健、计划生育服务机构、乡镇卫生院、村卫生室建设，保障贫困人口享有基本医疗卫生服务，努力防止因病致贫、因病返贫。大力实施公共卫生服务项目，加大重大疾病和地方病防控力度。完善新型农村合作医疗补偿政策，对贫困人口参加新型农村合作医疗个人缴费部分由财政给予补贴。新型农村合作医疗和大病保险制度对贫困人口实行政策倾斜，门诊统筹率先覆盖所有贫困地区，降低贫困人口大病费用实际支出，对新型农村合作医疗和大病保险支付后自负费用仍有困难的，加大医疗救助、临时救助、慈善救助等帮扶力度，将贫困人口全部纳入重特大疾病救助范围，使贫困人口大病医治得到有效保障。加大农村贫困残疾人康复服务和医疗救助力度，扩大纳入基本医疗保险范围的残疾人医疗康复项目。建立贫困人口健康卡。对贫困人口大病实行分类救治和先诊疗后付费的结算机制。深入开展医疗卫生对口帮扶工作，大力实施城市三级医院对口支援贫困县医院和二级以上医疗机构对口支援贫困地区乡镇卫生院项目。加强贫困地区基层医疗卫生人才引进和培养，农村订单定向免费培养医学类本专科学生项目招生计划数向贫困县倾斜，支持贫困地区实施全科医生和专科医生特设岗位计划。支持和引导符合条件的贫困地区乡村医生按规定参加城镇职工基本养老保险。全面实施贫困地区儿童营养改善、新生儿疾病免费筛查、妇女“两癌”免费筛查、孕前优生健康免费检查等重大公共卫生项目。加强贫困地区计划生育服务管理工作。到2018年，实现贫困地区县、乡、村三级卫生计生服务网络基本健全，技术水平和服务能力显著提升。

（八）实施基础设施建设扶贫工程

1.实施贫困地区农村道路畅通工程。推动贫困地区重大交通项目建设，构建贫困地区“外通内联”的交通运输通道。加大对贫困地区县乡公路建设支持力度，提高贫困地区农村道路建设补助标准，加快实施贫困地区乡镇、建制村农村公路和撤并建制村、一定规模的自然村通硬化路建设工程，加强农村公路安全防护，到2018年年底全面完成农村道路畅通工程，解决群众行路难、运输难问题。

2.实施水利建设扶贫工程。积极推动贫困地区重大水利工程、病险水库水闸除险加固、灌区续建配套与节水改造等项目纳入国家和省级水利规划，符合条件的优先列入年度投资计划，加大投资倾斜力度。加大骨干防洪控制性工程、抗旱应急备用水源工程、中小河流治理、水土流失综合治理力度。“八小水利”工程建设投入要向贫困村倾斜。对贫困地区农村公益性基础设施管理养护给予支持。实施农村饮水安全巩固提升工程，强化水源保护，发展适度规模集中供水，大力提高贫困地区集中供水率、自来水普及率、供水保障率、水质合格率。到2018年，实现贫困村自来水“村村通”。

3.实施贫困地区农村电网改造升级工程。加快贫困地区的电力基础设施改造升级，全面提升农网供电能力和质量。到2018年年底，基本解决贫困地区农村电网“卡脖子”“低电压”等突出问题，满足贫困地区农村生产生活用电需求。到2020年年底，供电自动化、信息化和普遍服务水平显著提高。

4.加快贫困地区农村信息化建设。完善农村及偏远地区电信普遍服务补偿机制，强化政策和资金支持，加强信息基础设施建设，加快推进宽带网络覆盖贫困村。开展互联网为农便民服务，提升贫困地区农村互联网服务水平，扩大信息进村入户覆盖面。到2020年，实现贫困村宽带网络全覆盖。

5.大力支持革命老区、少数民族聚居地区脱贫攻坚。加快推进革命老区振兴发展规划实施，扩大革命老区财政转移支付规模。加大少数民族聚居地区基础设施项目和民生工程建设支持力度，切实改善生产生活条件。

（九）实施金融扶贫工程

鼓励和引导各类金融机构加大对脱贫攻坚的金融支持，国家开发银行安徽省分行、中国农业发展银行安徽省分行要按照微利或保本的原则发放长期贷款，专项用于易地扶贫搬迁；中国农业银行安徽省分行、邮政储蓄银行安徽省分行、农村信用社等金融机构要延伸服务网络，创新金融产品，增加贫困地区信贷投放。优先支持在贫困地区设立村镇银行、小额贷款公司等金融机构。贫困地区银行业金融机构可贷资金主要用于当地信贷投放。全面落实扶贫再贷款利率优惠政策，重点扶持贫困地区发展特色产业和贫困人口就业创业。对有稳定还款来源的扶贫项目，允许采用过桥贷款方式，撬动信贷资金投入。大力支持农村信用社、村镇银行等金融机构为评级授信贫困户提供5万元以内、3年以下免抵押、免担保扶贫小额贷款，财政按基础利率贴息。加大创业担保贷款、助学贷款、妇女小额贷款、康复扶贫贷款实施力度。支持贫困地区培育发展农民资金互助组织，开展农民合作社信用合作试点。支持贫困地区设立扶贫贷款风险补偿基金。支持贫困地区设立政府出资的融资担保机构，重点开展扶贫担保业务。积极发展扶贫小额贷款保证保险，对贫困户保证保险保费予以补助。扩大农业保险覆盖面，支持贫困地区特色农产品保险发展。加强贫困地区金融服务基础设施建设，优化金融生态环境。支持贫困地区开展特色农产品价格保险，有条件的地方可给予一定保费补贴。有效拓展贫困地区抵押物担保范围。加快省级扶贫开发投融资平台建设，切实解决扶贫开发融资需求。

（十）实施社会扶贫工程

坚持政府主导和社会参与相结合，充分发挥政治优势和制度优势，广泛动员和凝聚社会力量参与扶贫，形成政府、市场、社会互为支撑，专项扶贫、行业扶贫、社会扶贫“三位一体”的大扶贫格局。进一步完善领导联系和单位帮扶贫困地区制度，健全“单位包村、干部包户”和驻村扶贫工作队定点帮扶制度，做到不脱贫不脱钩。深化南北结对合作，扩大合作领域，深化合作内容。充分发挥各民主党派、工商联、无党派人士在人才智力扶贫上的优势和作用，鼓励民营企业积极参与“万企帮万村”精准扶贫行动。完善扶贫龙头企业认定制度，增强企业辐射带动贫困户增收的能力。吸纳农村贫困人口就业的企业，按规定享受税收优惠、职业培训补贴等就业支持政策。落实企业和个人公益扶贫捐赠所得税税前扣除政策。通过政府购买服务等方式，鼓励各类社会组织开展到村到户到人精准扶贫。实施扶贫志愿者扶贫行动计划和社会工作专业人才服务贫困地区计划。构建社会扶贫信息服务网络，探索发展公益众筹扶贫。发挥好“10·17”全国扶贫日社会动员作用，畅通互帮互助渠道，鼓励社会各界到贫困地区捐资捐助、参与扶贫开发，释放社会公众扶贫济困的巨大潜力，形成全社会关注扶贫、参与扶贫、支持扶贫的浓厚氛围。

四、加强组织领导，为打赢脱贫攻坚战提供坚实保障

（一）强化领导责任

按照中央统筹、省负总责、市县抓落实的领导体制和片区为重点、精准到村到户到人的工作机制，建立省市县乡村五级书记一起抓扶贫的治理格局，推进责任链闭环管理、无缝对接，构建横向到边、纵向到底的责任体系，做到一级抓一级、层层抓落实。省委、省政府对扶贫开发工作负总责，抓好目标确定、项目下达、资金投放、组织动员、监督考核等工作。市级党委、政府主要负责同志是本区域内脱贫攻坚的第一责任人，负直接责任，做好上下衔接、域内协调、责任落实、督促检查等工作。县级党委、政府是脱贫攻坚的责任主体，党政主要负责同志是第一责任人，负直接责任，做好对象核准、路径选择、进度安排、项目落地、资金使用、人力调配、推进实施等工作。要层层签订脱贫攻坚责任书，落实工作责任制，有扶贫开发任务的市、县（市、区）党委、政府每年要向省委、省政府专题报告扶贫脱贫进展情况。省直各部门、各单位要切实按照职责落实扶贫开发责任，一把手是直接责任人，实现部门专项规划与脱贫攻坚规划有效衔接，充分运用行业资源做好扶贫开发工作。军队和武警部队要发挥优势，积极参与地方扶贫开发。要发挥好工会、共青团、妇联等群团组织脱贫攻坚的作用。改进县级干部任用选拔机制，统筹省内优秀干部，选好配强扶贫开发任务重的县级党政主要负责同志。把扶贫开发工作实绩作为选拔使用干部的重要依据。脱贫攻坚期内，贫困县县级领导班子要保持稳定，对表现优秀、符合条件的可以就地提级。加大选派优秀年轻干部特别是后备干部到贫困地区工作的力度，有计划地选派厅局级后备干部到贫困县挂职任职。市、县（市、区）党委、政府也要选派后备干部到贫困县或扶贫开发任务重的乡镇挂职任职。各级领导干部要自觉践行党的群众路线，切实转变作风，把严的要求、实的作风贯穿于脱贫攻坚始终。

（二）强化任务落实

围绕“人脱贫、村出列、县摘帽”的目标，保持建档立卡的准确性和严肃性，细化任务分解，具体到村到户到人，强化举措、确定时限、公开透明、挂图作战。把脱贫任务明晰到具体责任单位、责任人，并保持稳定性，做到不脱贫不脱钩。完善推进方法，坚持既抓结果、又抓过程，比照重点项目调度的办法，实行月点评、季通报、年考核。充分运用互联网和大数据，加强扶贫开发信息平台建设，实现扶贫开发信息资源共享，接受社会监督，做到时时清、事事清、人人清，不打糊涂仗。

（三）强化资金投入

各级政府要充分发挥在脱贫攻坚中的投入主体和主导作用，积极开辟扶贫开发新的资金渠道，确保政府扶贫投入力度与脱贫攻坚任务相适应。建立健全省、市、县三级财政专项扶贫资金稳定增长机制，实现财政专项扶贫资金规模较大幅度增长。加大省级财政对贫困地区一般性转移支付力度。发挥财政政策统筹、资金聚合作用，农业综合开发、农村综合改革转移支付以及各部门安排的各项惠民政策、项目和工程，要最大限度地向贫困地区、贫困村、贫困人口倾斜。建立健全脱贫攻坚多规划衔接、多部门协调的长效机制，整合目标相近、方向类同的各类涉农资金用于扶贫开发，聚焦脱贫攻坚。严格落实国家在贫困地区安排的公益性建设项目取消县级配套资金的政策。在扶贫开发中推广政府与社会资本合作、政府购买服务等模式。扶贫项目实行“群众参与、村级申报、乡镇审查、县级审批、省市备案”，坚持谁审批、谁负责，县级对项目的立项、实施和管理负主体责任。强化扶贫开发项目资金监管，加强财政监督检查和审计、监察以及稽查等工作，健全公告公示制度，发挥社会舆论监督作用，从严惩处扶贫资金使用过程中出现的违法违规违纪行为。

（四）强化改革支撑

支持改革，鼓励创新，在连片特困地区和国家扶贫开发工作重点县开展易地扶贫搬迁，允许将城乡建设用地增减挂钩指标在省域范围内使用。新增建设用地计划指标优先保障扶贫开发用地需求，专项安排国家扶贫开发工作重点县年度新增建设用地计划指标。省级在安排土地整治工程和项目、分配下达高标准基本农田建设计划和补助资金时，要向贫困地区倾斜。财政支持的微小型建设项目，涉及贫困村的，允许按照一事一议方式直接委托村级组织自建自管。科学合理有序开发贫困地区水电、煤炭等资源，调整完善资源开发收益分配政策。探索水电利益共享机制，将从发电中提取的资金优先用于水库移民和库区后续发展。加强扶贫开发法治建设，健全贫困地区公共法律服务制度，在规划编制、项目安排、资金使用、监督管理等方面，提高规范化、制度化、法治化水平。

（五）强化基层组织建设

加强有扶贫开发任务的乡镇领导班子建设，有针对性地选配政治素质高、工作能力强、熟悉三农工作的干部担任乡镇主要负责同志。抓好以村党组织为核心的村级组织建设，选好配强村级领导班子，鼓励和选派思想好、作风好、能力强、真心为群众服务的优秀年轻干部、退伍军人、高校毕业生到贫困村工作。要充分发挥基层党组织的战斗堡垒作用和党员的先锋模范作用。完善村级组织运转经费保障机制，将村干部报酬、村办公经费和其他必要支出作为保障重点。根据贫困村实际需求，精准选配第一书记，精准选派驻村扶贫工作队，切实提高县级以上机关派出干部比例。加大驻村干部考核力度，实行贫困村不出列、工作队不撤出，贫困户不脱贫、帮扶责任人不脱钩。对基层一线干出成绩的、群众欢迎的驻村干部，要重点培养使用。创新农村社会治理体系，完善村民自治制度，加快推进贫困村村务监督委员会建设，继续落实好“四议两公开”、村务联席会等制度，健全党组织领导的村民自治机制。

（六）强化考核监督

制定脱贫攻坚考核办法，落实对限制开发区域和生态脆弱的国家扶贫开发工作重点县取消地区生产总值考核的规定，对贫困地区党政领导班子和领导干部实行严格考核。充分发挥考核的导向作用，将考核结果与干部使用挂钩。对扶贫实绩突出的优先提拔使用。对未能完成年度扶贫开发目标任务的实行“一票否决”，对其党政主要负责同志进行约谈，其党政主要负责同志不予评先评优，3年内不得提拔、重用或调离。加强对行业扶贫和定点帮扶工作的考核，对工作开展情况进行通报。加强扶贫开发统计与贫困监测，提高监测能力和数据质量。建立扶贫对象退出管理机制，制定贫困户脱贫、贫困村出列和贫困县摘帽标准、程序、核查办法。贫困县摘帽，由县级提出申请，市级初审，省级审定，报国家备案。对摘帽的贫困县，在攻坚期间原有扶贫政策保持不变；对已经脱贫的农户，在一定时期内让其继续享受相关政策，避免出现边脱贫、边返贫现象，切实做到应进则进、应扶则扶。加强对贫困地区党委、政府脱贫攻坚工作的督促检查，加强对扶贫工作绩效的社会监督，开展贫困地区群众满意度调查，建立对扶贫政策落实情况和扶贫成效的第三方评估机制。对扶贫开发工作作出突出贡献的组织和个人，给予表彰；对弄虚作假搞“数字脱贫”的，严肃追究责任。

（七）强化舆论导向

坚持正确舆论导向，大力宣传习近平总书记关于新时期扶贫开发的重要战略思想，准确解读党和政府扶贫开发的决策部署和政策举措，大力弘扬社会主义核心价值观，增强脱贫攻坚的合力，坚定脱贫攻坚的必胜信心。加强贫困地区乡风文明建设，深化贫困地区文明村镇和文明家庭创建，支持贫困地区挖掘保护和开发利用红色、民族、民间文化资源。生动报道各地各部门脱贫成效、实践经验和先进典型，加强扶贫开发的交流合作，着力营造坚决打赢脱贫攻坚战的舆论氛围。

（八）强化扶贫开发队伍建设

稳定和强化各级扶贫开发领导小组和工作机构，扶贫开发任务重的市、县、乡三级领导小组组长由党政主要负责同志担任，强化各级扶贫开发领导小组决策部署、统筹协调、督促落实、检查考核的职能。建立与精准扶贫工作要求相适应的省、市、县、乡四级扶贫机构和队伍，充实加强各级扶贫开发工作力量，省和有扶贫开发任务的市、县（市、区）扶贫部门独立设置，有扶贫开发任务的乡镇设扶贫工作站，扶贫开发任务重的村设扶贫专干，保障扶贫机构和人员工作经费，确保扶贫工作有效开展。加强贫困地区县级领导干部和扶贫干部思想作风建设，加大干部培训力度，把贫困地区干部和扶贫系统干部培训纳入各级党政干部培训计划，各级党校、行政学院要把脱贫攻坚政策措施作为培训内容，努力提升扶贫干部队伍能力水平。

全省各级党委、政府和广大干部群众要认真学习贯彻习近平总书记重要讲话精神，更加紧密地团结在以习近平同志为总书记的党中央周围，切实把思想和行动统一到党中央、国务院和省委、省政府决策部署上来，凝心聚力，精准发力，苦干实干，坚决打赢脱贫攻坚战，为与全国同步全面建成小康社会、建设美好安徽而努力奋斗。

中共芜湖市委　芜湖市人民政府
关于坚决打赢脱贫攻坚战的实施意见
（2016年4月28日）

根据《中共安徽省委　安徽省人民政府关于坚决打赢脱贫攻坚战的决定》（皖发〔2015〕26号）和全省扶贫开发工作会议精神，为进一步加强全市精准扶贫工作，确保到2018年全市贫困人口实现脱贫，确保全市贫困村全部出列。现结合我市实际，制定如下实施意见。

一、切实增强打赢脱贫攻坚战的使命感紧迫感

消除贫困、改善民生、逐步实现共同富裕，是社会主义的本质要求，是党的重要使命。全面建成小康社会、实现第一个百年奋斗目标，农村贫困人口全部脱贫是一个标志性指标。各级党委、政府要把扶贫开发纳入“四个全面”战略布局，作为实现第一个百年目标的重点工作，摆在更加突出的位置，大力实施精准扶贫、精准脱贫，不断创新扶贫开发体制机制，努力开创扶贫开发新局面。

扶贫开发事关全面建成小康社会，事关人民福祉，事关巩固党的执政基础，事关国家长治久安。坚决打赢脱贫攻坚战，是促进全体人民共享改革发展成果、实现共同富裕的重大举措，是体现中国特色社会主义制度优越性、建设美好芜湖的重要标志，是新常态下扩大内需、促进经济增长的重要途径。各级党委、政府必须把思想和行动统一到中央、省委和市委决策部署上来，把扶贫开发工作作为重大政治任务来抓，切实增强责任感、

使命感和紧迫感，切实增强思想自觉和行动自觉，以更明确的目标、更有力的措施、更有效的行动、更务实的作风，不辱使命、勇于担当，只争朝夕、真抓实干，加快补齐全面建成小康社会中的这块突出短板，决不让一个贫困地区、一个贫困群众掉队，确保贫困群众与全市人民同步迈入全面小康社会。

二、准确把握打赢脱贫攻坚战的总体要求

（一）指导思想

全面贯彻落实党的十八大和十八届二中、三中、四中、五中全会和中央扶贫开发工作会议精神，以邓小平理论、“三个代表”重要思想、科学发展观为指导，深入学习贯彻习近平总书记系列重要讲话精神，围绕“四个全面”战略布局，牢固树立并切实贯彻创新、协调、绿色、开放、共享的发展理念，充分发挥政治优势和制度优势，把精准扶贫、精准脱贫作为基本方略，坚持扶贫开发与经济社会发展相互促进，坚持精准扶贫与社会保障有效衔接，坚持扶贫开发与生态保护并重，动员各方力量，举全市全社会之力，坚决打赢脱贫攻坚战。

（二）目标任务

实施科学扶贫、精准扶贫，做到“一村一策、一户一法”，扶真贫、真扶贫。到2018年，现行标准下全市农村贫困人口全部脱贫，稳定实现不愁吃、不愁穿，义务教育、基本医疗和住房安全有保障，实现贫困地区农民人均可支配收入增长幅度高于全省平均水平，基本公共服务主要领域指标达到全省平均水平；贫困村年集体经济收入达到5万元以上；贫困村全部出列，确保2020年全面实现小康。

三、坚持精准扶贫方略，完善和落实各项扶贫措施

（一）实施产业脱贫

1. 发展特色种养业扶贫。以《芜湖市都市型现代农业规划》为引领，以现代生态农业产业化为总抓手，加强对贫困地区新型农业经营主体培育，大力扶持农业产业化龙头企业，农业产业园区向贫困地区倾斜和辐射，强化科技推广应用，确保贫困群众增收致富和脱贫奔小康。加大对贫困人口开展技能培训力度，通过培训使农民掌握一定技能，鼓励和支持贫困户发展特色农业、林业、水产、畜牧养殖业和农产品加工业，实现脱贫致富。对贫困地区农业产业化龙头企业认定予以倾斜并加大扶持力度。加快农产品生产基地建设，培育农产品品牌。（责任单位：市农委、市林业局）

2. 发展光伏扶贫。光伏扶贫是创新精准扶贫、精准脱贫方式的有效途径，能够稳定增加贫困村和贫困户收入。抓住国家大力发展新能源的机遇，将光伏扶贫与贫困村、贫困户相结合，鼓励和支持满足条件的贫困村和贫困户纳入光伏扶贫范围。做好项目实施和后期电量结算工作，带动贫困对象脱贫。[责任单位：市财政局（市扶贫办）、市发改委、市金融办、芜湖供电公司]

3. 发展乡村旅游扶贫。依托贫困地区区位条件、资源特色和市场需求，对自然旅游资源丰富的贫困村，加大开发力度，结合美丽乡村建设，完善村容村貌、乡村旅游基础设施建设。加大工作指导力度，通过乡村旅游品牌创建工作，引导农民把农业生产与乡村旅游相结合，积极开发乡村田园风光休闲旅游，积极鼓励和扶持农民开发油菜花节、葡萄节、桃子节、蓝莓节等相关节庆活动，吸引更多游客进行乡村旅游活动，扩大农产品市场影响力，带动农产品销售和农民增收。发挥旅游业对精准扶贫工作的作用，加大乡村旅游业务培训，带动贫困人口转移就业。（责任单位：

市旅游局、市农委、市林业局）

4.发展电商扶贫。把握国家实施“互联网+”的战略机遇，将电商扶贫纳入全市精准扶贫工作体系。扎实抓好党政推动、市场运作、基础配套、协会牵引、试点示范等关键环节的工作，加强贫困地区农村电商人才培训。完善县级电商服务中心、乡镇服务站和村级服务点功能及配套设施。支持电商企业拓展农村业务，加强贫困地区农产品网上销售平台建设，做到贫困村网上销售农产品和购买生产生活资料服务全覆盖。（责任单位：市商务局、市农委、市信息办）

5.积极探索资产收益扶贫。在不改变用途的情况下，财政专项扶贫资金和其他涉农资金投入设施农业、养殖、光伏、水电、乡村旅游等项目形成的资产，具备条件的可折股量化给贫困村和贫困户，尤其是丧失劳动能力的贫困户。资产可由村集体、合作社或其他经营主体统一经营。要强化监督管理，明确资产运营方对财政资金形成资产的保值增值责任，建立健全收益分配机制，确保资产收益有效回馈持股贫困户。支持农民合作社和其他经营主体通过土地托管、牲畜托养和吸收农民土地经营权入股等方式，带动贫困户增收。贫困地区水电、矿产等资源开发，赋予土地被占用的村集体股权，让贫困人口分享资源开发收益。［责任单位：市财政局（市扶贫办）］

（二）实施就业脱贫

进一步完善农民工创业园孵化服务功能，积极利用“互联网+”的模式，引导扶持有条件的务工人员，挖掘乡土资源、发挥技能特长，投身创业带动就业，让更多的农民成为市场主体，激发农村创业就业的活力。大力培育和发展中小微企业及劳动密集型产业，加快服务业发展，进一步增强实体经济吸纳贫困劳动力就业的能力。大力实施“雨露计划”，对贫困家庭子女在中、高等职业院校就读的实施资金补助。对贫困家庭离校未就业的高校毕业生提供就业支持。支持外出务工人员回乡创业，带领贫困群众就业增收，真正实现“就业一人，脱贫一户”。对未升学的初、高中毕业生参加就业技能培训后符合条件的，给予培训和鉴定补贴。[责任单位：市人社局、市经信委、市财政局（市扶贫办）、市农委、市林业局、市旅游局）]

（三）实施智力扶贫

1. 实施教育扶贫。坚持扶贫先扶智，让贫困家庭子女都能接受公平有质量的教育，从根本上阻断贫困代际传递。推动贫困地区学前教育发展，重点扩大农村学前教育资源，改善贫困地区中小学办学条件。加快贫困地区职业教育发展，提升职业教育质量，引导贫困地区毕业生就读职业院校。建立骨干教师与贫困地区对口支持和教学互动机制，组织培训讲师团“送培到县”、名师讲学团“送教下乡”，提升贫困地区师资力量和办学水平。深化义务教育经费保障机制改革，率先从建档立卡的家庭经济困难学生实施普通高中教育免除学杂费、中等职业教育免除学杂费，加大对贫困家庭大学生的救助力度。到2018年，使贫困地区农村学前3年入园率达到80%以上；全面完成贫困地区改善义务教育薄弱学校基本办学条件任务，使贫困地区农村义务教育学校办学条件全部达到国家规定的义务教育学校办学标准。[责任单位：市教育局、市财政局（市扶贫办）]

2. 支持文化体育事业发展。建立完善贫困地区公共文化服务体系，支持贫困地区文化设施建设，文化体育产业、文化体育事业专项资金向贫困地区倾斜，提升公共文化体育服务水平。对贫困地区实现“农家书屋”全覆盖，并集中做好图书更新等方面的后续工作。增强基层文化服务功能，建立以奖代补等文化援助机制，推动文化下乡经常化。（责任单位：市文化委、市体育局）

（四）实施社保兜底脱贫

1. 加大政策兜底力度。做好保基本、兜底线的救助工作，不断提高最低生活保障水平，对无法通过产业扶持和就业帮助实现脱贫的家庭实现政策性保障兜底。南陵县最低生活保障实现城乡一体化，无为县农村最低生活保障标准在现有基础上逐年提高。2016年全面实现扶贫线和低保线“两线合一”。[责任单位：市民政局、市财政局（市扶贫办）]

2.健全留守儿童、妇女、老人和残疾人关爱服务体系。加强儿童福利院、救助保护机构、特困人员供养机构、残疾人康复托养机构、社区儿童之家等服务设施和队伍建设，不断提高管理服务水平。建立家庭、学校、基层组织、政府和社会力量相衔接的留守儿童关爱服务网络，加强对未成年人的监护。健全孤儿、事实无人抚养儿童、低收入家庭重病重残等困境儿童的福利保障体系。加大贫困残疾人康复工程、特殊教育、技能培训、托养服务实施力度。针对残疾人的特殊困难，全面建立困难残疾人生活补贴和重度残疾人护理补贴制度。引导和鼓励社会力量参与特殊群体关爱服务工作。[责任单位：市民政局、市人社局、市残联、市财政局（市扶贫办）]

（五）实施健康脱贫

完善城乡居民基本医疗保险补偿政策，对贫困人口参加城乡居民基本医疗保险个人缴费部分由财政给予补贴。完善大病医疗补充保险制度，逐步扩大城乡居民基本医疗保险补助范围和大病医疗补充保险支付范围，稳步提高大病保障水平。门诊统筹率先覆盖所有贫困地区，降低贫困人口大病费用实际支出，加大医疗救助、临时救助、慈善救助等帮扶力度，将贫困人口全部纳入重特大疾病救助范围，使贫困人口大病医治得到有效保障。加大农村贫困残疾人康复服务和医疗救助力度，扩大纳入基本医疗保险范围的残疾人医疗康复项目。加大计划生育特殊困难家庭的经济扶助，全面落实计划生育家庭各项保障措施。全市率先启动大病医疗补充保险制度，实现参保人员全覆盖。[责任单位：市卫计委、市发改委、市民政局、市人社局、市农委、市财政局（市扶贫办）]

（六）实施基础设施建设扶贫

1.支持农村路网建设。继续加大向贫困地区政策和资金倾斜。确保到

2018年年底，全市贫困村完成农村公路畅通工程，解决群众行路难、运输难问题。支持县乡公路升级改造项目并适当提高补助标准，支持村级道路向自然村延伸，逐步提高村级道路网络化水平。[责任单位：市交通运输局、市财政局（市扶贫办）]

2.加快推进综合水利建设。通过小泵站技改、塘坝扩挖、河沟清淤疏浚等措施，对贫困村的小型农田水利设施进行改造和提升，提高农田有效灌溉面积。“八小水利”工程建设投入向贫困村倾斜，改善农村生产、生活条件。（责任单位：市水务局）

3.推进通信网络和能源供应体系建设。坚持规划引领，重点做好贫困地区农村电力、通信、邮政、网络、广播电视等设施建设，加大对贫困地区的资金投入。支持贫困地区农村电网改造升级，重点从低电压、供电容量不足治理着手，提升贫困村经济发展动力。推进广播电视村村通工程，推进新一代广播电视网、新一代移动通信网络、宽带光纤接入网络等网络基础设施建设。到2018年年底，基本解决贫困地区农村电网低电压、供电容量不足等“卡脖子”的突出问题；到2020年，实现贫困村宽带网络全覆盖。（责任单位：市经信委、市发改委、市信息办、市城乡规划局、芜湖供电公司、中广有线芜湖分公司、市邮政局）

4.加快农村饮水安全工程建设。“十三五”期间，通过新建规模水厂、小型蓄水工程，以及利用现有农村水厂进行管网延伸，增设加压泵站等方式，安装自来水入户，以此来解决建档立卡贫困户缺水、饮水困难、不安全饮水情况。到2018年，实现贫困村自来水“村村通”。[责任单位：市水务局]

5.加快推进危房改造工作。按照优先解决住房最危险，经济最困难的农村危房住房的原则，对农村困难家庭危房进行改造。加强对危房改造工程施工安全和质量的监管，确保改造房屋符合质量及安全施工的要求，确保贫困群众住有所居、住得安全。（责任单位：市住建委）

（七）实施金融扶贫

1.创新发展扶贫小额信贷机制。鼓励各类金融机构积极开展扶贫小额信贷，充分发挥邮政储蓄银行、农村商业银行、村镇银行等金融机构网点多、贴近“三农”的优势，积极创新扶贫小额信贷体制机制，丰富扶贫小额信贷的产品和形式，公开规范评级授信，加大对贫困户的扶贫小额信用贷款支持，帮助贫困户发展生产、自主创业、增加收入、脱贫致富。[责任单位：市金融办、市人行、市财政局（市扶贫办）]

2.改善贫困地区金融服务。大力提升贫困地区金融基础设施现代化水平，初步建立县域社会信用体系，基础金融服务实现“村村通”，布设ATM自动柜员机、自助服务终端、POS机具、电话支付终端等金融自助服务终端，使其具备采集征信系统信息、代办评估农户信用、提供代理咨询、缴存公共事业费用等功能。依托和整合农村现有公共服务、电商网络平台等资源，全面建设农村金融服务室、助农取款点。涉农金融机构特别是地方法人金融机构进一步发展壮大，多层次、广覆盖、低成本、可持续服务贫困农村的金融服务体系基本形成。（责任单位：市金融办、市人行）

（八）实施社会扶贫

建立和完善广泛动员社会各方力量参与扶贫开发的制度。鼓励和引导各类企业、社会组织和个人自愿选择贫困村、贫困户结对帮扶。健全“单位包村、干部包户”和驻村扶贫工作队定点帮扶制度，做到不脱贫不脱钩。建立领导干部联系贫困户制度，全市县处级以上干部，一人认领一户贫困户，结对帮扶。鼓励民营企业积极参与“百企帮百村”精准扶贫行动。落实财税、金融等优惠政策，吸引各类市场主体到贫困地区投资兴业，推动产业梯度转移和资源优化配置。支持军队、武警部队和民主党派、工商联、群团组织参与扶贫开发。发挥好“10·17”全国扶贫日社会动员作用，搞好谋划，建立机制，搭建平台，储备项目，使积极参与扶贫的组织和个人有针对性地参与社会扶贫，形成全社会关注扶贫、参与扶

贫、支持扶贫的浓厚氛围。[责任单位：市财政局（市扶贫办）、市民政局、市总工会、团市委、市妇联、市残联、市工商联]

四、加强组织领导，为打赢脱贫攻坚战提供坚实保障

（一）强化领导责任

坚持“市县分级负责，乡镇、村抓落实”和“单位包村、干部包户”的工作机制，实行党政主要负责同志负总责的扶贫开发工作责任制，建立市县乡村各级书记一起抓扶贫的治理格局。要层层签订脱贫攻坚责任书，落实工作责任制，有扶贫开发任务的县委、县政府每年要向市委、市政府专题报告扶贫脱贫进展情况。市直各单位要切实按照职责落实扶贫开发责任，一把手是直接责任人，实现部门专项规划与脱贫攻坚规划有效衔接，充分运用行业资源做好扶贫开发工作。要发挥好工会、共青团、妇联等群团组织脱贫攻坚的作用。把扶贫开发工作实绩作为选拔使用干部的重要依据。市县党委、政府要选派后备干部到扶贫开发任务重的乡镇挂职任职。各级领导干部要自觉践行党的群众路线，切实转变作风，把严的要求、实的作风贯穿于脱贫攻坚始终。

（二）强化任务落实

围绕“人脱贫、村出列”的目标，保持建档立卡的准确性和严肃性，细化任务分解，具体到村到户到人，强化举措、确定时限、公开透明、挂图作战。把脱贫任务明晰到具体责任单位、责任人，并保持稳定性，做到不脱贫不脱钩。完善推进方法，坚持既抓结果、又抓过程，完善通报、考核制度。充分运用互联网和大数据，加强扶贫开发信息平台建设，实现扶贫开发信息资源共享，接受社会监督，做到时时清、事事清、人人清，不打糊涂仗。

（三）强化资金投入

市县两级要充分发挥在脱贫攻坚中的投入主体和主导作用，确保扶贫投入力度与脱贫攻坚任务相适应。建立健全财政专项扶贫资金稳定增长机制，实现财政专项扶贫资金规模较大幅度增长。发挥财政政策统筹、资金聚合作用，交通、水利、农业、林业以及各部门安排的各项惠民政策、项目和工程，要最大限度地向贫困村、贫困人口倾斜。建立健全脱贫攻坚多规划衔接、多部门协调的长效机制，整合目标相近、方向类同的各类涉农资金用于扶贫开发，聚焦脱贫攻坚。支持改革，鼓励创新，在扶贫开发中推广政府与社会资本合作、政府购买服务等模式。强化扶贫开发项目资金监管，加强财政监督检查和审计、监察以及稽查等工作，健全公告公示制度，发挥社会舆论监督作用，从严惩处扶贫资金使用过程中出现的违法违规违纪行为。加强扶贫开发法治建设，健全贫困地区公共法律服务制度，在规划编制、项目安排、资金使用、监督管理等方面，提高规范化、制度化、法治化水平。［责任单位：市财政局（市扶贫办）、市监察局、市审计局］

（四）强化扶贫工作队伍建设

稳定和强化市县扶贫开发领导小组和工作机构，有扶贫开发任务的县、乡两级领导小组组长由党政主要负责同志担任，强化各级扶贫开发领导小组决策部署、统筹协调、督促落实、检查考核的职能。建立与精准扶贫工作要求相适应的市县乡三级扶贫机构和队伍，充实加强扶贫开发工作力量，市和有扶贫开发任务的县设扶贫工作机构，有扶贫开发任务的乡镇设扶贫工作站，扶贫开发任务重的行政村确定扶贫专干，保障扶贫机构和人员工作经费，确保扶贫工作有效开展。结合“单位包村、干部包户”机制，发挥“双联系”在扶贫工作中的作用，推动机关单位和干部落实帮扶工作，实施精准扶贫。把扶贫工作与基层组织建设有机结合起来。加强有扶贫开发任务的乡镇领导班子建设，抓好以村党组织为核心的村级组织建设，选好配强村级领导班子，要充分发挥基层党组织的战斗堡垒作用和党员的先锋模范作用。加大驻村干部考核力度，实行贫困村不出列、工作队不撤出。加强干部思想作风建设，加大干部培训力度，努力提升扶贫干部队伍能力水平。（责任单位：市委组织部、市编办）

（五）强化考核监督

制定脱贫攻坚考核办法，对有贫困人口的县党政领导班子和领导干部实行严格考核。充分发挥考核的导向作用，将考核结果与干部使用挂钩。对未能完成年度扶贫开发目标任务的实行“一票否决”，对其党政主要负责同志进行约谈，其党政主要负责同志不予评先评优，3年内不得提拔、重用或调离。加强对行业扶贫和定点帮扶工作的考核，对工作开展情况进行通报。加强扶贫开发统计与贫困监测，提高监测能力和数据质量。落实扶贫对象退出管理机制，严格执行贫困户脱贫和贫困村出列标准、程序、核查办法。对已经脱贫的农户，在一定时期内让其继续享受相关政策，避免出现边脱贫、边返贫现象，切实做到应进则进、应扶则扶。加强对贫困地区党委、政府脱贫攻坚工作的督促检查，加强对扶贫工作绩效的社会监督，开展贫困地区群众满意度调查，建立对扶贫政策落实情况和扶贫成效的第三方评估机制。对扶贫开发工作做出突出贡献的组织和个人，给予表彰；对弄虚作假搞“数字脱贫”的，严肃追究责任。［责任单位：市委组织部、市财政局（市扶贫办）］

（六）强化舆论导向

坚持正确舆论导向，大力宣传习近平总书记关于新时期扶贫开发的重要战略思想，准确解读党和政府扶贫开发的决策部署和政策举措，大力弘扬社会主义核心价值观，增强脱贫攻坚的合力，坚定脱贫攻坚的必胜信心。积极宣传贫困地区广大干部群众自强不息、脱贫致富的先进事迹，总结推广扶贫开发实践中探索的成功经验，大力弘扬扶贫济困、乐善好施的传统美德，引导和鼓励社会各界更加关注、广泛参与扶贫开发事业，激发贫困地区干部群众脱贫致富的信心和活力，着力营造坚决打赢脱贫攻坚战的舆论氛围。

关于进一步加强市直包村单位选派帮扶干部工作的通知

（2017年4月25日）

无为、南陵县委，市直（驻芜）有关单位党组（党委）：

为切实增强贫困村脱贫攻坚工作力量，更好推进精准扶贫、精准脱贫，确保如期实现脱贫攻坚目标，按照《关于进一步加强省直和中央驻皖单位选派帮扶干部工作的通知》（皖组通字〔2017〕20号）要求，现就进一步加强市直包村单位选派帮扶干部工作有关事项通知如下。

一、选派原则

1.按照“单位帮扶、干部驻村、整村包保”的要求，每个单位原则上负责帮扶1个贫困村，并选派1个扶贫工作队驻村帮扶。

2.每个扶贫工作队由第一书记（扶贫工作队长，下同）、副队长、扶贫专干组成，未出列的村，第一书记由副县级以上（含副县级，下同）党员干部担任，第六批选派干部担任副队长。

3.第六批选派干部保持稳定，新增选派帮扶干部作为第七批先期进入人员，压茬做好帮扶工作。

二、选派单位

《关于调整全市贫困村定点帮扶单位有关事项的通知》（芜扶贫办

〔2017〕8号）中确定的市级包村单位。

三、资格条件和派驻时间

主要从机关优秀干部、后备干部，国有企业、事业单位的优秀人员中选派帮扶干部。人选基本条件是：政治素质好，“四个意识”强，坚决贯彻执行党的路线方针政策，热爱农村工作；有较强组织协调能力，敢于担当，善于做群众工作，开拓创新意识强；事业心和责任感强，作风扎实，能吃苦，甘于奉献；具有正常履行职责的身体条件。

鼓励有农村工作经验或涉农方面专业技术特长，因年龄原因从领导岗位调整下来尚未退休、身体状况好、积极性高的副县级以上党员干部报名参加、到村帮扶。

选派驻村时间原则上为3年，2017年5月至2020年10月。

四、选派方式

已选派的单位，所帮扶贫困村未出列的，增派1名第一书记；未选派干部的单位，所帮扶贫困村未出列的，增派1名第一书记和1名扶贫专干。

单位帮扶贫困村已出列的，帮扶关系保持不变，选派第一书记继续在村任职。单位没有选派干部的，必须选派1名科级干部到村担任扶贫工作队副队长，做好巩固提升工作。

经调研后，未出列的贫困村扶贫工作队人数不足五人的，已出列的贫困村扶贫工作队人数不足三人的，均由所在县兜底补齐。

五、选派干部的管理和待遇

认真落实《全省选派干部管理工作实施办法》，选派干部教育管理工作有组织部门负总责，选派工作联席会议（领导小组）成员、市扶贫开发领导小组办公室及成员单位共同参与，县级组织、扶贫部门按职责分工具体负责。乡镇党委和选派单位按照各自的职责，协助组织、扶贫部门做好选派干部的日常管理工作。选派干部与原单位工作脱钩，平均每年在村开展时间不少于220天（含因公出差、开会和培训）。市、县对选派干部进行岗前培训和年度培训，培训经费由各级财政承担。对选派干部进行年度考核，对考核不称职的要进行调整，由原单位重新选派。选派干部年度考核等次视同选派单位工作人员年度考核等次，不占选派单位优秀等次名额。选派干部任期考核结果，作为干部选拔使用的重要依据之一。建立选派干部任职档案，全面反映选派干部在村任职期间的情况。加大对优秀选派干部的使用，各选派单位在选拔任用干部时，对同等条件下，要优先考虑本单位任期考核优秀的选派干部，对工作表现突出、任期考核优秀的县、科级后备干部要及时提拔使用。

选派干部在村任职期间与原单位同级人员享受同等福利待遇。要落实相关保障，新选派帮扶干部生活补助和交通费，按照市委组织部、市财政局《关于全市挂职、选派、异地任职干部待遇有关问题的通知》（组通字〔2015〕159号）有关规定执行。

六、组织实施

1.宣传发动。各单位要抓紧召开干部职工动员会，讲清讲透脱贫攻坚、驻村帮扶的重大意义，动员干部职工积极投身脱贫攻坚一线。

2.组织推荐。坚持“硬选人、选硬人”，在个人报名、组织推荐的基础上，专门召开党组（党委）会议，研究确定选派人选，确保选派帮扶干部综合素质过硬。

3.上报审核。各单位于4月25日前，将新增选派帮扶干部《干部任免审批表》报市委组织部干部一科审核后，报组织二科备案。

4.派驻到村。做好与帮扶贫困村联络对接工作，确保所有选派帮扶干部于5月1日前到村。

各单位要高度重视选派帮扶干部工作，将其作为当前的一项重要政治任务，以强烈的责任感紧迫感，坚决按时间、按标准把政治素质好、组织能力强、干事创业实的优秀干部选出来、派下去。

实践篇

本篇主要收录了习近平总书记的扶贫情结及其精准扶贫、精准脱贫论述在芜湖的贯彻落实情况，意在从中观层面强调，扶贫工作不是空口号、“手榴弹炸跳蚤”，要精准扶贫、精准脱贫，真抓实干出成绩。

习近平总书记的扶贫情结：精准扶贫　精准脱贫

一、贫困地区首先得有“精气神”

◆1989年7月19日，时任宁德地委书记的习近平一行前往寿宁县下党乡调研途中。张培基摄

我去宁德当地委书记之前，省领导找我谈话说，福建9个地市，宁德经济排老九，宁德的同志到省里开会，都坐在最后一排，不敢大声说话。

派你去宁德，就是让你用特区的闯劲、特区的精神到那儿去冲一冲，把宁德带起来。我说，宁德和特区毕竟不一样，去了怎么干我还得掂量掂量。

我去了不多久，国家开始整顿经济过热。我给大家说，我来不是烧“三把火”的，而是来泼“三盆水”的。再有，我也不是三头六臂，不可能把厦门的优惠政策转到宁德。我们不要想干一夜暴富的事情，也没那个条件，但我们不能输在精神上，人穷志不穷。我给宁德的定位就是弱鸟先飞、滴水穿石、不耻落后。只要锲而不舍，最后总能够旧貌换新颜。到宁德后，我到省里开会，总是坐第一排，争着第一个发言。扶贫扶志，贫困地区缺“精气神”不行。我在宁德的一些讲话，后来编成一本书叫《摆脱贫困》，就是为了从精神上或者说指导思想上解决问题。

◆习近平著作《摆脱贫困》

二、扶贫不能“手榴弹炸跳蚤”

我在福建当副书记、省长时，提出了“真扶贫、扶真贫”的问题。上面的措施下去了，下面不问青红皂白，最后钱不知道花在哪儿了，甚至搞不好是一个腐败的滋生地了，我一直在考虑怎么解决这个问题。

上次到湘西十八洞村视察，我感触很深。爬那个山爬了好远，好不容易才到那里。去了以后，一个老太太见了我问，请问你贵姓，你是哪里来的？她不认识我，因为那儿比较偏远，她不看电视，文化也不够。后来，全村乡亲都来了，我一看，人不多，全是“996138”部队，也就是老人、孩子、妇女，青壮年都到城里打工去了。这个地方这么偏僻，又是一些老人和儿童，搞什么大事业啊？根本搞不起来。我说，还是给你们搞“几条腿”来吧——一户养几头黑猪、一头黄牛，再养几只山羊，这总能办得成。老太太、老大爷听了很高兴，说我就要这个。

◆2013年11月3日，习近平在湘西土家族苗族自治州花垣县排碧乡十八洞村苗族村民施齐文家中同一家人促膝交谈。新华社记者兰红光摄

党的十八大后，我到一些贫困地区就要看真贫，如河北阜平、湖南花垣、甘肃东乡，都是最贫困的。他们怎么致富？个别地方扶贫有时思路不对，好像扶贫都要搞一些工业项目。在深山老林里搞工业项目，没人才，没市场，成本又高，不容易发展起来。扶贫要实打实解决问题。首先，要为下一代着想，让孩子们上学，教育不能落后了。其次，一些基本公共设施要保障，像路、水、电之类的，实现公共服务均等化。再有，就是靠山吃山、靠水吃水，根据他们的条件和能力，教他们“打鱼”的本领。如果是一些老大爷、老太太，就养几只鸡、鸭、羊，给他们选优良品种，教他们科学喂养，给一些扶持资金，这样一年收入有几千块，也可以脱贫。对

年轻人，主要是找就业的路子，搞一些培训，引导他们外出打工。对搞种养的人，就帮他们提高产品附加值。

◆习近平在河北阜平、湖南花垣、甘肃东乡调研（拼版照片）。新华社发

为什么讲要精准扶贫？“手榴弹炸跳蚤”是不行的。新中国成立以后，50年代剿匪，派大兵团去效果不好，那就是“手榴弹炸跳蚤”，得派《林海雪原》里的小分队去。扶贫也要精准，否则钱用不到刀刃上。抓扶贫切忌喊大口号，也不要定那些好高骛远的目标，要一件事一件事做。不要因为总书记去过了，就搞得和别处不一样了，搞成一个不可推广的盆景。钱也不能被吃喝挪用了，那是不行的。

三、不能让下一代再过贫困日子

我到一些贫困地方去看，有的孩子都七八岁了，还在家里待着，没有上学。贫困地区教育一定要搞上去，不能让孩子输在起跑线上，要让他们有受教育的机会，有上大学的机会，再过十年八年能够成为致富能手，起码有本事挣到饭吃，不至于再过穷日子。

◆宁夏西海固地区泾源县泾河源镇底沟村教学点的老师利用多媒体教学设备给学生们上课。新华社记者彭昭之2015年3月19日摄

现在，国家每年投入那么多教育经费，要把更多钱倾斜到边远地区、农村，把义务教育真正抓起来。对贫困山区，要乡村教师进去，或者让孩子们在外面寄宿。对实在太偏远的，可以不搞集中住宿，为了到寄宿点，孩子要走几个小时的路，很不安全。可以派教师进去，把待遇搞得好一点，搞轮换制，把这样的经历作为教师提级的一个重要依据。

四、脱贫的军令状不是戏言

脱贫攻坚中，不能搞腐败，不能弄虚作假，不能搞盲目的政绩，也要严防“三拍”现象，拍脑瓜、拍胸脯、拍屁股走人。我对分管领导同志说，得来点儿真的，贫困县的县委书记、县长要稳在那儿，把责任担到底，不脱贫“不能走”，一个萝卜一个坑，出水才见两腿泥。没有一点实招、硬招，我很怕这件好事办不好，最后给人民交不了账，给历史交不了账。

◆2015年11月27日至28日，中央扶贫开发工作会议在北京召开。习近平发表重要讲话。新华社记者鞠鹏摄

军中无戏言。脱贫是有责任制的，层层签了责任状。军令状不能白立，立了就要兑现，只有脱贫验收了以后，县委书记、县长才能离开。除非不适应工作，需要换得力干部。没有这一条，谁都能拍拍屁股就走，那就变成流水宴、流水席了。一些干部确实优秀，可以就地提拔，但提拔了还得在那儿干。脱贫攻坚是全党全国重中之重的工作，要把这个任务派给最好的干部去做。

脱贫工作中，巡视督查要跟上，发现问题要动真刀真枪解决。要实施异地检验，脱贫成效不能由本地说了算。组织部门要把脱贫工作考核结果作为干部使用的重要依据，不能干好干坏一个样。对做得好的，该提拔重用的就提拔重用，该宣传表扬的就宣传表扬。对做得不好的，该督促的督促，该批评的批评，该问责的问责。

五、改变贫困地区面貌是我们的历史责任

◆2015年10月16日，2015减贫与发展高层论坛在北京人民大会堂举行。习近平出席论坛并发表主旨演讲。新华社记者李学仁摄

1999年，我当了福建省代省长后去了一趟古田。古田镇位于上杭县，是中央苏区。上杭是将军县，光才溪乡就有“九军十八师”之说，新中国成立后授衔时出了9位军长、18位师长。我在古田碰到一位老将军，叫王直（曾任福州军区副政委），他是才溪乡人，是电影《英雄儿女》里政委的原型之一。他说，有一次回来的路上，进入古田镇前路被堵住了。为什么呢？正赶上有一个纪念活动，回来的人很多，都是古田镇在外面做生意的小老板，开的多是奔驰、宝马。有人说，这些家伙坐这么好的车，还把路给堵了。老将军批评他说，你不要骂，我们当年闹革命，不就是想看着乡亲们好起来、富起来吗？他们的生活条件好于我们了，我们应该为他们感到高兴。这种思想感情确实很真挚，体现了我们党的宗旨。改变贫困地区面貌，实现革命先烈的理想，是我们的历史责任。

来源：《人民日报》2017年02月24日24版

习近平精准扶贫精准脱贫论述在芜湖的贯彻落实

党的十八大以来，习近平总书记亲自部署了脱贫攻坚一系列重要工作，作出了一系列关于精准扶贫精准脱贫的重要论述。2012年年底，习近平在河北阜平进行扶贫工作考察时指出，扶贫工作不能“用手榴弹炸跳蚤”。2013年11月，习近平在湖南湘西考察时提出，扶贫要精准识别、精准帮扶、精确管理，第一次提出精准扶贫的重要思想。2015年11月29日，《中共中央　国务院关于打赢脱贫攻坚战的决定》中明确指出，“把精准扶贫、精准脱贫作为基本方略”。由此，精准扶贫精准脱贫成为全面建成小康社会决胜阶段指导我国扶贫工作的重要方针。

2014年以来，芜湖市委市政府始终认真贯彻落实习近平总书记对精准扶贫精准脱贫工作的一系列重要论述，始终坚持把脱贫攻坚工作作为第一政治任务和最大的民生工程，筑牢责任体系，推进政策落实，由关注脱贫速度向提升脱贫质量转变，由开发式扶贫为主向开发式扶贫与保障式扶贫并重转变，着力探索出一条实践检验、群众认可、贫困户满意的精准扶贫精准脱贫新路径。

一、深入学习贯彻习近平总书记精准扶贫精准脱贫的内涵和要求

习近平总书记对扶贫开发的重视由来已久。他在2015减贫与发展高层论坛上深情地说：“40多年来，我先后在中国县、市、省、中央工作，扶

贫始终是我工作的一个重要内容，我花的精力最多。”20世纪80年代，习近平在福建宁德担任地委书记期间，积极开展扶贫探索与实践，形成《摆脱贫困》一书，提出了“弱鸟先飞”“滴水穿石”等许多富有创见性的扶贫理念、观点和方法。20世纪90年代，习近平在福建省委工作期间，又开创了东西部扶贫协作的“闽宁模式”。后来，习近平在担任浙江省委书记期间，启动“千村示范、万村整治”美丽乡村建设方案。自从习近平担任党的总书记以来，他把扶贫开发摆到治国理政的重要位置，作为事关全面建成小康社会、实现第一个百年奋斗目标的一项重大战略任务来抓，明确把扶贫开发纳入“五位一体”总体布局和“四个全面”战略布局，进行决策部署。习近平总书记精准扶贫精准脱贫思想内容丰富、与时俱进，是指导我们打赢脱贫攻坚战、补齐全面建成小康社会短板的基本原则和行动指南。我们学习的体会是：

（一）深刻领会精准扶贫的核心，进一步提高扶贫工作的科学性

消除贫困、改善民生、实现共同富裕，是社会主义的本质要求，是我们党的重要使命。共同富裕是中国特色社会主义的本质规定，是中国特色社会主义理论的重要组成部分。这要求我们对每个困难户都要进行扶贫，这就是精准扶贫精准脱贫实现共同富裕的根本所在。就此，习近平总书记指出，“推进扶贫开发，推动经济社会发展，首先要有一个好思路、好路子。要坚持从实际出发，因地制宜，理清思路、完善规划、找准突破口。”[①]总书记还指出，“扶贫开发推进到今天这样的程度，贵在精准，重在精准，成败之举在于精准。搞大水漫灌、走马观花、大而化之、手榴弹炸跳蚤不行。”[②]“扶贫开发成败系于精准，要找准‘穷根’、明确靶向，

---

① 中共中央党史和文献研究院.习近平扶贫论述摘编[M].北京：中央文献出版社，2018:57.

② 中共中央党史和文献研究院.习近平扶贫论述摘编[M].北京：中央文献出版社，2018:58.

量身定做、对症下药，真正扶到点上、扶到根上。”[①]扶贫工作的精准化思路是习近平总书记精准扶贫的核心，可以概括为六方面，即“扶贫对象精准、项目安排精准、资金使用精准、措施到位精准、因村派人（第一书记）精准、脱贫成效精准”[②]。因此，我们要把扶贫工作精准化思路切实落到实处，变“大水漫灌”为“精确滴灌”。

（二）深刻领会精准扶贫的前提，解决“扶持谁”“谁来扶”“怎么扶”“如何退”的问题

习近平总书记指出：“精准扶贫，关键的关键是要把扶贫对象摸清搞准，把家底盘清，这是前提。”[③]为了实施精准扶贫战略，我国将贫困指标分解到省、县、乡、村，村“两委”采用打分或民主评议的方法识别贫困人口和贫困家庭。从2013年开始，采用这种方法，在全国已识别出了2984万户8962万人贫困人口，都进行了建档立卡，录入了全国扶贫信息系统。我国国民经济社会发展第十三个五年规划时期，扶贫工作的阶段性目标是这些建档立卡贫困户。在这个基础上进行精准帮扶，在帮扶过程中确定帮扶责任人和具体帮扶对策，并采用多样化的帮扶措施，如“点对点”“人对人”的帮扶措施。习近平总书记还要求，“扶贫开发要坚持因地制宜、科学规划、分类指导、因势利导”，[④]强调在脱贫攻坚工作全过程和各环节，实施经常性的督查和最严格的考核评估。扶贫工作必须务实，扶贫过程必须扎实，扶贫结果必须真实，让扶贫成效真正获得群众认可、经得起实践和历史检验。

---

① 中共中央党史和文献研究院．习近平扶贫论述摘编[M]．北京：中央文献出版社，2018:72.

② 中共中央党史和文献研究院．习近平扶贫论述摘编[M]．北京：中央文献出版社，2018:58.

③ 中共中央党史和文献研究院．习近平扶贫论述摘编[M]．北京：中央文献出版社，2018:59.

④ 中共中央党史和文献研究院．习近平扶贫论述摘编[M]．北京：中央文献出版社，2018:62.

（三）深刻领会精准扶贫的方法，更加有的放矢地开展扶贫工作

贫有百样，困有千种，因地制宜、分类管理是精准扶贫的主要手段。2015年6月，习近平在贵州省考察调研座谈会上，首先提出了“四个一批”的扶贫理念，也就是“通过扶持生产和就业发展一批，通过移民搬迁安置一批，通过低保政策兜底一批，通过医疗救助扶持一批”。同年11月，在中央扶贫开发工作会议上，习近平明确提出了实施“五个一批”工程，具体为：“发展生产脱贫一批，异地搬迁脱贫一批，生态补偿脱贫一批，发展教育脱贫一批，社会保障兜底一批。”[①]从精准扶贫到精准脱贫，关键在精准施策上出实招，在精准推进上下实功，在精准落地上见实效。早年间，在浙江工作时，习近平就强调：解决农民公共服务，一是要加大公共财政向农村倾斜的力度，把基础设施建设和发展教科文卫体等社会事业的重点放到农村，全面改善农村，全面改善农村的供水、供电、环保、交通、通讯、广播电视、信息网络等公共服务的基础条件；二是继续大力实施城乡教育均衡工程、农民健康工程、农村文化建设工程、小康健身工程，全面提高农村社会事业发展水平；三是建立健全多层次、普惠性的农村社保体系，不断提高农村社保水平，逐步缩小城乡公共服务差距。所以，我们要下一番“绣花”功夫[②]，发挥贫困群众的主体作用，提高他们的知情权、参与度、获得感，通过提高自我发展能力来推动扶贫。

（四）深刻领会精准扶贫的关键，切实做到精神脱贫

习近平强调，“扶贫既要富口袋，也要富脑袋”[③]，扶贫要“激发内生

① 中共中央党史和文献研究院．习近平扶贫论述摘编[M]．北京：中央文献出版社，2018：65.

② 中共中央党史和文献研究院．习近平扶贫论述摘编[M]．北京：中央文献出版社，2018：77.

③ 中共中央党史和文献研究院．习近平扶贫论述摘编[M]．北京：中央文献出版社，2018：137.

动力”[①]。如果凭空救济一个村，简单改变村容村貌，内在活力不行，劳动力不能回流，没有经济上的持续来源，这个地方下一步发展还是有问题。扶贫开发，要给钱给物，更要建个好支部。要做好对扶贫地区干部群众的宣传、教育、培训、组织工作，让他们的心热起来、行动起来，引导他们树立“宁愿苦干、不愿苦熬”的观念，自力更生、艰苦奋斗，靠辛勤劳动改变贫困落后面貌。扶贫开发的最终成效，要看贫困群众是否具备了内生发展动力，提高了“造血”功能，增强了扶贫成效的可持续性。

二、习近平精准扶贫精准脱贫论述在芜湖的落实和实践

2014年，芜湖市农村人口159.85万人，所辖四县四区中，无为县、南陵县有扶贫开发任务。2014年安徽省扶贫办确认我市贫困人口13.26万人，贫困村71个，2014年、2015年我市共60181人实现脱贫。2016年我市30749人实现脱贫，其中无为县23922人，南陵县6827人，34个贫困村出列。2017年我市23515人实现脱贫，其中无为县22750人，南陵县765人，37个贫困村出列。在省对市脱贫攻坚成效考核中，芜湖市综合评价为“较好”等次。目前，我市还有贫困人口18225人，2018年我市脱贫任务为10836人脱贫，其中无为县10721人，南陵县115人。我市繁昌县结对帮扶太湖县、南陵县结对帮扶灵璧县、鸠江区结对帮扶宿松县、镜湖区结对帮扶望江县、弋江区结对帮扶利辛县。我市开展脱贫攻坚工作的主要做法是：

（一）建立各负其责、各司其职的责任体系

我市2016年成立扶贫开发领导小组，实行双组长制，由市委书记、市长担任组长，下设市扶贫办，正县级建制。实行市扶贫办周调度、分管市领导旬调研、领导小组月调度和市委市政府季研究，分层调度、高频调

① 中共中央党史和文献研究院.习近平扶贫论述摘编[M].北京：中央文献出版社，2018：135.

度。全市23名市厅级领导赴贫困地区调研共121次，走访慰问贫困户共392户次。成立“9+2”共18个专项工作推进小组，分别由分管市领导担任组长，协调推进各项脱贫攻坚政策措施落到实处；出台《芜湖市全面落实脱贫攻坚责任制实施细则》《芜湖市精准扶贫精准脱贫工作问责办法（试行）》，全面压实各级脱贫攻坚责任，确保责任落实全覆盖。

（二）建立精准识别、精准脱贫的工作体系

严格按照“两评议、两公示、一比对、一公告”的程序切实组织开展动态调整、动态管理工作，确保“应纳尽纳、应退尽退”，坚决杜绝“两该、两不该”现象。2017年，我市新识别建档立卡贫困户953户2723人。紧紧围绕“两不愁、三保障”要求，既不降低标准，也不吊高胃口，按照“一评议、两公示、一公告”程序开展精准脱贫工作。2017年，在全省脱贫攻坚第三方监测评估中，我市精准识别和精准脱贫准确率均为100%，实现两个精准全覆盖。

（三）建立上下联动、统一协调的政策体系

在“1+14+4”[①]配套政策体系的基础上，结合实际，增加市、县两级财政投入，精心打造“九大工程”升级版政策，实现“一提高、一倾斜、一优先”，即补助类标准提高、资金类向贫困村和贫困户倾斜、项目类贫困村和贫困户优先，做实对贫困村、贫困户的“精准滴灌”。目前，我市“九大工程”各牵头责任部门已出台提升工作方案18个，包含具体政策措施50余条。同时，建立《芜湖市脱贫攻坚快速会商制度》，对影响脱贫攻坚成效的问题，即时发现即时会商，专题研讨问题存在的根本原因，研究提出对策和解决方案，确保政策落实全覆盖。

（四）建立保障资金、强化人力的投入体系

按照当年地方财政收入增量的10%以上增列专项扶贫资金，2017、

① “1+14+4”指1个县级文件，14个部门主文件，4个补充文件。

2018两年市级财政共投入扶贫资金3.7亿元，全部按照时间进度支出到位。印发《芜湖市财政扶贫资金管理办法》，对扶贫资金的预算与分配、使用与拨付、管理与监督等环节严格规范，筑牢扶贫资金管理的“高压线”。市扶贫办编制人员由3人增加至12人，县扶贫办工作人员不少于15人，镇扶贫工作站专职工作人员至少配备3—5人，有扶贫开发任务的村（社区）至少配备1名专职扶贫工作人员。全市37个2017年出列的贫困村每村安排5名驻村队员，第一书记均为副县级以上干部担任；34个2016年出列的贫困村每村安排3名驻村队员。全市348个非贫困村均派驻村扶贫工作组，由县直单位或乡镇1名科级干部担任组长并确定2名工作人员，帮扶责任人由5067人增加至8123人。全市实现资金、人力全覆盖。

（五）建立因地制宜、因村因户因人施策的帮扶体系

我市实现产业扶贫项目到村全覆盖，建设了8个扶贫驿站、10个扶贫车间；召开了29场专场招聘会，累计发布8273个转移就业岗位、6231个居家就业岗位、1414个辅助性就业岗位，实现1003人就业；认定69家就业扶贫基地，累计培训1221人；开发农村“四员”公益性岗位632个，优先安排贫困人口担任“保洁员”“宣传员”“管护员”“联络员”，真正实现“村有当家产业，户有脱贫门路，人有一技之长”。同时，加大对“边缘户”的帮扶力度，开展特困贫困户摸底，针对无自理能力、无直系监护人的特困户，经摸底确定规模后，采用在就近的敬老院集中供养并聘请专职护工护理的方式，确保脱贫质量。在全市选定50个非贫困薄弱村作为重点帮扶村给予重点支持，切实提高群众满意度。全市建立健全市级防范返贫机制，设立市扶贫防范返贫专项资金，用于解决扶贫工作中的难点问题以及防范返贫中的突发事件，实现到村、到户帮扶全覆盖。

（六）建立广泛参与、合力攻坚的社会动员体系

建立常态化宣传机制，通过电视、报纸、短信、网络等开展了形式多样的扶贫宣传活动。创作庐剧小戏《茶好月圆》等作品到村开展文艺汇

演，宣传脱贫攻坚工作和相关政策措施。开展“脱贫攻坚示范户”评选活动，树立“脱贫光荣”的鲜明导向，完善村规民约，聚焦家风家训，开展道德评议，推进农村移风易俗，广泛征集“我的扶贫故事”“我的脱贫故事”。芜湖新闻频道、《芜湖日报》经常以专题的形式报道我们的扶贫工作。积极开展“10·17”全国扶贫日活动，在芜湖市慈善总会账户单设“精准扶贫捐赠科目”接受社会捐赠，并定向用于脱贫攻坚工作，全市各级帮扶捐款捐物达4023万元，惠及贫困户18432户。通过“今日芜湖”手机App开展脱贫攻坚工作网络直播，获得23万余次点击量。大力推广“幸福路·爱心扶贫”项目，依托“淘芜湖”等移动商城平台，帮助贫困村、贫困户拓宽农副产品销售渠道，提高经济收入。全市实现社会动员全覆盖。

坚持县域结对帮扶与脱贫攻坚工作同调度、同考核，把县域结对帮扶工作纳入年度目标考核，把减贫成效、产业合作、劳务协作、人才支援、资金支持五个方面，作为考核和督查巡查的重要内容。两年来，共落实帮扶资金1.02亿元，选派干部60余人，各帮扶县区引进各类企业、新型经营主体100余家赴被帮扶县；同时支持被帮扶县发展生产，支持扶贫产业项目80余个，建立各类产业生产基地14个，带动8000多户贫困户增收脱贫。在2017年全省县域结对帮扶成效考核中，我市繁昌县、鸠江区分别获得全省第一、第六的好成绩。

（七）建立横向到边、纵向到底的监督考核体系

开展扶贫领域作风建设年活动，印发《芜湖市开展扶贫领域作风问题专项治理实施方案》。制定了《芜湖市脱贫攻坚督查（暗访）工作方案》，细化全年督查暗访工作，成立专职督查暗访小组，坚持问题导向，实行“每月一暗访、半年一督查、年底一巡查”工作机制，以暗访为主，切实减轻基层迎检负担。两年来，组织各类督查暗访26次，入户2000余户，覆盖178个行政村，发出督查通报26份。印发《芜湖市选派帮扶干部考核评价暂行办法》，对工作成绩突出的选派帮扶干部，给予一定物质奖励；

对两个年度考核“优秀”或任期考核“优秀”的选派帮扶干部，提出使用建议或督促选派帮扶单位落实优先培养使用政策；对工作后进的镇党委、政府主要负责人，由市扶贫开发领导小组进行约谈，对人为原因导致责任不落实、问题不整改、弄虚作假的严肃问责，加大问责力度，注重问责实效，实现监督、奖惩全覆盖。

三、打好脱贫攻坚的年度之战

2018年，是贯彻党的十九大精神的开局之年，是改革开放40周年，还是决胜全面建成小康社会、实施“十三五”规划承上启下的关键一年。我市全面贯彻落实党的十九大精神，以习近平新时代中国特色社会主义思想为指导，以扶贫领域作风专项治理为抓手，以提高脱贫攻坚实效为导向，由找准帮扶对象向精准帮扶稳定脱贫转变，由关注脱贫速度向提升脱贫质量转变，由开发式扶贫为主向开发式扶贫与保障式扶贫并重转变，着力探索出一条实践检验、群众认可、贫困户满意的精准扶贫精准脱贫新路径。

（一）做到“三个衔接”，提升脱贫质量

一是推动脱贫攻坚与乡村振兴战略有效衔接。把脱贫攻坚过程变成乡村振兴过程，加大财政投入力度，重视非贫困村脱贫攻坚，做到不留死角。把脱贫攻坚和美丽乡村建设、农村环境“三大革命”有机融合，加快提升贫困村环境整治水平。加快打通基础设施建设“最后一公里”，全面提升贫困地区道路、水利、供电、通信等基础设施建设水平。着力提升教育、医疗、文化等公共服务水平，改善贫困地区生产生活环境，进一步提高群众满意度。

二是推动贫困户和农业现代化有效衔接。充分发挥新型经营主体的带动作用。一方面，把政府扶持的资金折股量化到贫困户，让资金变股金；另一方面，引导和组织贫困户参与和发展专业合作，包括土地入股、股份合作、参与农业产业化经营等，实现风险共担、利益共享，实现产业带动

从“有没有”向“好不好”转变。

三是推动产业扶贫和农业产业化有效衔接。深入推动“四带一自”[①]产业扶贫模式，建立“园区（企业）+基地+贫困户”“家庭作坊+贫困户”和“能人大户+贫困户”等利益联结机制，促使生态农业和各类特色种养业得到较快发展。加大调整经济作物种植结构、养殖结构，推进农业生产技术改革创新，大力推进“互联网+”现代农业，实现村村有特色主导产品、镇镇有产业扶贫基地，加快形成质量优良、数量充足的特色优质农产品供给体系。培育壮大新型农业经营主体，扶持一批合作社发展成为农业企业，培养一代新型职业农民和能够带头闯市场的农业企业家，培育引进一批农业产业化龙头企业，带动农民增收致富。加快推进优质农产品销售模式改革创新，依托综合交通运输网和互联网，拓展优质农产品销售渠道。实施电商扶贫工程，大力发展农村电子商务，提高我市优质农产品知名度和市场占有率。大力推广资源变资产、资金变股金、农民变股东“三变”改革经验，盘活农村资源、资产、资金，让农民能够长期分享股权收益。

（二）做实“三大措施”，巩固脱贫成果

一是做实产业扶贫措施，拓宽脱贫路径。摸清家底，找准发展方向和重点。坚持政府引导、龙头企业主导、贫困群众参与、镇村协助原则，与经济林发展、森林进城工程、小城镇建设等有机结合起来，提升产业扶贫，实现生态效益、经济效益、社会效益相统一。拓展思路，找对发展方式和路径。结合自身实际，继续探索更有效的产业带动模式。政策支撑，实施产业政策全覆盖。进一步谋划脱贫攻坚特色产业扶持激励政策，采取以奖代补、以工代赈、一事一议等方式，扶持贫困村、贫困户和非贫困户发展产业。

二是做实“两不愁、三保障”措施，筑牢脱贫根基。(1) 健康脱贫再

① “四带一自”是指各类园区带动、龙头企业带动、农民合作社带动、能人大户（家庭农场）带动、支持贫困群众自种自养。

落实。加强“351”“180”、大病救助等健康脱贫政策落实，持续做好家庭医生签约服务全覆盖工作，压实家庭医生签约服务责任，做到真签约、真服务，进一步推进健康乡村建设。(2) 教育扶贫再升级。进一步大力发展农村教育事业，精准实施教育资助工作，彻底阻断贫困代际传递，做到教育扶贫一个不落。(3) 安全住房再保障。加大政策宣传力度，实现安全住房全覆盖，危房改造工程早谋划、早实施。(4) 社会扶贫再助力。组织开展好我市第五个扶贫日系列活动和先进典型报送工作，举办脱贫攻坚表彰活动，激发脱贫攻坚正能量。(5) 兜底扶贫再密织。坚持低保线、贫困线“两线合一”，做到“应保尽保”。进一步强化对贫困老年人、残疾人、重病患者等“边缘户”的精准帮扶，筑牢脱贫最后一道防线。

三是做实防范返贫措施，巩固脱贫成效。截至目前，我市已实现近11.5万贫困人口脱贫，防范返贫工作将是今后三年工作的重点。(1) 防范返贫机制再完善。坚持脱贫不脱政策，市级谋划出台防范返贫政策，加大投入力度，切实发挥防范返贫工作机制实效。(2) 返贫预警机制再完备。继续保持帮扶力量稳定，坚持脱贫不脱帮扶，县扶贫办要依托扶贫开发信息系统，加强返贫信息管理，通过现场调查、群众评议、乡镇审核、县级认定，对返贫户及时予以确认，对信息有误的及时进行更正。(3) 动态管理常态化。建立健全扶贫对象动态管理机制，强化扶贫对象信息动态变更的日常规范，坚决杜绝“两该、两不该”现象。对返贫户和新增贫困户，要及时落实帮扶措施，确保稳定脱贫。

(三) 做好“三个加强”，保障脱贫后劲

一是加强帮扶力量，打造过硬的扶贫干部队伍。(1) 加大精准帮扶力度。持续配强帮扶队伍，落实帮扶责任，坚持一户一策、因户施策，针对每个贫困户的实际情况，制订针对性帮扶方案，落实帮扶项目，跟踪服务到底，坚决打通精准帮扶“最后一公里”。(2) 加大驻村工作队日常管理力度。坚持在脱贫攻坚期间驻村工作队人员相对稳定，脱贫不脱帮扶。建立例会、考核、报告、纪律约束四项制度，促进驻村干部遵规守纪、廉政

勤政，防止形式主义，用制度保证驻村工作落实。（3）加大非贫困村驻村工作力量。2018年，我市非贫困村拟脱贫人口占全市未脱贫人口的86.38%，因此要更注重强化非贫困村帮扶力量。选取50个扶贫任务较重的非贫困村重点帮扶，在资金、政策、项目上给予重点支持。

二是加强扶贫与扶志、扶智相结合，激发内生脱贫动力。充分发挥村规民约作用，注重扶贫与扶志、扶智相结合，加快补齐贫困群众“精神短板”，让贫困群众想干、敢干、能干、会干。加强政策引导，坚持进村入户宣讲政策，让扶贫开发的政策措施家喻户晓。加强教育引导，强化智力扶贫，对有劳动能力的贫困人口加强基本文化素质和劳动技能培训，增强他们脱贫致富的信心和能力，实现由“输血式”扶贫向“造血式”扶贫转化。加强典型引导，积极开展脱贫示范户创建活动，培育和树立勤俭节约光荣、孝敬老人光荣、家庭和谐光荣、脱贫致富光荣的社会风尚。

三是加强作风建设，助力脱贫攻坚工作推进。将2018年作为我市脱贫攻坚作风建设年，并且把作风建设贯穿到脱贫攻坚的全过程，集中力量解决扶贫领域存在的责任落实不到位、工作措施不精准、工作作风不扎实、资金管理使用不规范，以及官僚主义、形式主义和腐败等突出问题。强化脱贫攻坚督查巡查，把暗访作为主要方式，利用安徽扶贫手机App软件，坚持“四不两直”[①]直接入户，推动政策举措落地，督促整改问题，减轻基层干部工作压力。建立健全举报制度、查实曝光制度、主体责任和监督责任追究等制度，贯彻落实《芜湖市全面落实脱贫攻坚责任制实施细则》相关要求，进一步压实各帮扶主体责任，严明纪律、严格问责，攻坚克难，打赢脱贫攻坚战。

（撰稿人：张勇　何党生　李合满　俞森）

① “四不两直”是指不发通知、不打招呼、不听汇报、不用陪同接待、直奔基层、直插现场。

【链 接】狠抓精准帮扶 聚力脱贫攻坚

2017年4月23日，我市召开市委常委会，研究部署脱贫攻坚工作，审议通过了《芜湖市脱贫攻坚整改月工作方案》《芜湖市脱贫攻坚“九大工程”具体落实方案》，将2017年4月22日—5月20日确定为市“脱贫攻坚整改月”，并梳理出突出问题整改清单，对存在问题、整改任务和措施、目标要求、责任单位、整改时限做了明确的规定，确保2017年5月20日前全面完成问题整改，9月底全市脱贫攻坚工作上新台阶。

我市将脱贫攻坚作为第一民生工程，全力推进精准扶贫精准脱贫，尤其舍得投入真金白银，在落实省“九大工程”政策不走样的基础上，增加“自选动作”，体现普惠中的特惠，全力推进脱贫攻坚“九大工程”升级版，彰显芜湖特色。整合全市各类资源支持脱贫攻坚工作，做到“一提高、一倾斜、一优先”，即补助类提高标准，资金类向贫困村、贫困人口倾斜，项目类贫困村、贫困户优先，确保一定比例。

增强选派帮扶干部力量，是市委做出的打赢脱贫攻坚战的一项重要举措。2017年，市委向扶贫一线新增选派帮扶干部306名，其中县处级干部37名。先后4次召开选派帮扶干部座谈会，市委、市政府主要领导出席选派帮扶干部座谈会。全市各级机关扎实开展“双联系”工作，建立“单位包村、干部包户”帮扶责任机制，实现了全市每个贫困村都派驻村工作队，每个贫困户都有帮扶责任人。2016年，全市30749人脱贫，34个贫困村出列；2017年，全市有望23815人脱贫，37个贫困村出列。

来源：芜湖新闻网—《芜湖日报》

案例篇

本篇主要收录了芜湖市无为县和南陵县的典型扶贫案例，意在从微观层面强调，扶贫工作要实事求是，因地制宜，真正消除贫困、改善民生，实现共同富裕。

“红色基因+绿色经济”：好风光带来脱贫好光景
——无为县红庙镇旅游产业脱贫纪实

案例背景

十九大报告指出，“红色基因就是要传承。要让后代牢记，我们要不忘初心，永远不可迷失了方向和道路。”同时，还指出：必须树立和践行绿水青山就是金山银山的理念，必须推动绿色产品和生态服务的资产化，让绿色产品、生态产品成为生产力，使生态优势能够转化成为经济优势。为深入贯彻落实党的十九大精神，无为县委、县政府相继出台《关于创建旅游经济强县的实施意见》《2017 年乡村旅游扶贫工作实施方案》等文件，高度重视包括红庙镇在内的拥有丰富旅游资源的乡镇旅游产业发展，将旅游业的发展与精准扶贫、现代农业等有效地结合起来，实现互动双赢，这极大激发了红庙镇发展旅游的信心和决心。

◆无为县红庙镇涧边村

红庙镇位于无为县西北方向20千米处，距县城有30分钟车程。该镇是一个传统的半山半圩的农业乡镇，2014年建档立卡贫困户2419户，贫困率高达18.94%；该镇也是闻名遐迩的抗日根据地——新四军第七师师部旧址及纪念馆，是省级爱国主义教育基地，被誉为“红色小镇”。此外，半山的地理特质、满山的花丛，也是该镇特有的自然景观资源。因此，红庙镇党委、政府针对本地实际情况，集思广益，因势利导，确定传承和发扬红色革命精神，大力发展生态经济，将红色旅游与绿色经济有效结合起来，走一条精准扶贫、精准脱贫的独特之路。

主要做法

发展旅游，关键在于打破条条框框，与众不同，走特色发展之路。一直以来，红庙镇都立足本地优势资源，坚持走红色文化和绿色生态相结合的旅游发展道路，不断做强做大旅游产业和现代农业产业，积极做好景区基础设施建设的项目争取及招商引资工作力度，增加景点，围绕主干道路及旅游道路等，建设绿色长廊景观带，力争将红庙镇打造成宜居宜游宜业的城市“后花园”。在此过程中，将旅游发展与旅游扶贫相结合，建立扶贫基地、扶贫车间，带动贫困户就业，增加贫困户收入，而且依托旅游发展，提供公益性岗位。同时，支持鼓励周边农户深加工本地土特产品，提升其附加值，努力让全镇人民共享旅游发展带来的成果，增加获得感。

（一）精准定位，高标准规划，为实现乡村旅游发展奠定基础

红庙镇旅游资源虽较为丰富，但受区位、基础设施等客观因素的制约，工业经济基础非常薄弱。红庙镇历届党委政府不忘初心、牢记使命，早在2008年就准确定位，创新提出了紧紧围绕打造绿色生态特色乡镇，大力发展红色文化（新四军文化）、绿色生态（现代农业、林业产业及生态美景）旅游产业，充分发挥独有的红色旅游资源，做大做强旅游产业“蛋糕”，从而带动经济发展的思路。

为此，该镇坚持高标准、高起点、高品位，因地制宜制订规划，先后邀请南京财经大学、安徽省林业规划设计院的专家学者规划并通过了《三水涧旅游区总体规划》《红庙镇万亩珍贵苗木花卉基地规划》《白棠湖旅游度假区修建性详细规划》及其他景点的详细规划，为旅游产业的科学发展提供了发展依据和蓝图。

1.“节外生枝”深挖红色资源

新四军第七师是抗日战争时期在皖江地区进行抗日斗争的主力部队。该部队在1941年1月“皖南事变”后，根据中共中央军委命令，由突围出来的第十九旅及挺进团、无为游击队、新四军第三支队挺进团，于1941年5月1日在无为组建成立新四军第七师，师部就设在今天红庙镇涧边自然村（原称三水涧）。曾希圣、谭希林、傅秋涛等革命先辈都曾在这里指挥过这支部队，进行过革命斗争。

◆无为县红庙镇新四军第七师纪念馆

1985年，新四军第七师师部旧址被安徽省政府确定为省级重点文物保护单位，是全国19个抗日革命根据地之一（是当时皖江根据地的政治、经济、军事中心）。2014年7月1日，新四军第七师纪念馆正式开馆，总投资1750万元，总建筑面积约2980平方米。馆内设有“皖江抗日起怒潮”“血泊中诞生的新四军第七师”“第七师健儿驰骋皖江”“永远的丰碑”等8个展厅。

新四军第七师师部旧址及纪念馆是红庙镇发展旅游产业的一张名片，该镇围绕新四军第七师这一主线，积极挖掘整合境内旅游资源，把景区内各个景点串珠成链，使其枝繁叶茂。

◆无为县红庙镇新四军第七师旧址

（1）搜集新四军第七师遗落的革命文物，充实纪念馆，以文物“讲述”当年烽火岁月。将新四军第七师当年缴获及使用的武器、日用品等近千件实物陈列布展，极大地提升了红色革命的真实感和思想品位。

（2）搜集整理新四军第七师的革命故事，努力讲好红色故事，做活红色旅游。重点是走访当地的老年人，联系新四军老战士的后代，并记录他们的回忆。重中之重是讲好三尖山故事、曾希圣逃难、蒋海云（海云村以此命名）和兰祥牺牲等第七师革命故事，通过传承革命精神，提高新四军第七师及红庙镇的知名度。同时，邀请新四军研究会南京第七师分会会长、新四军第七师老战士、原南京军区司令部副参谋长金星沐，北京市新研会第七师分会的革命史研究专家等，先后来到无为县新四军第七师师部旧址回访，开展“皖江行”活动。他们的到来，极大地提高了红庙镇红色旅游的影响力。

◆无为县红庙镇新四军第七师英雄纪念碑

2.“无中生有”引进绿色项目

发展旅游，打造优美的环境尤为重要。该镇大力开发荒山荒坡，从无到有、从小到大，2014年成功引进芜湖市丹洋现代农业发展有限公司，规划打造了万亩珍贵苗木花卉基地。该基地坐落于红庙镇海云、闸北两村，是一家集油用牡丹种植与推广、种苗培育、技术培训、采摘、牡丹和菊花饮品生产加工、科研、销售于一体的现代生态休闲农业和乡村旅游观光全产业链公司，注册资本2000万元，固定资产投入近1000万元。

现已带动发展苗木花卉规模种植户600余户，其中种植大户及公司8家，形成以牡丹、广玉兰、樱花、桂花、红玉兰、红枫、红叶石楠、金丝皇菊、桃花等品种为主的苗木花卉基地万余亩。同时，先后引进了双涌休闲观光农业园、丽萍生态农业旅游休闲观光园、丹洋菊花示范种植基地、美国薄壳山核桃种植基地等项目，使苗木花卉基地规模不断壮大。生态农业园的建成，既完善美化了生态环境，又汇聚成新的旅游景区，并促进企业做长产业链，努力在“花”上下功夫，进行花产品深加工，促进企业经济发展的同时带动农户就业增收。

◆无为县红庙镇万亩花卉基地

3.“凝心聚力”建好基础设施

为改善旅游硬件设施，红庙镇政府性投资共3600万元，启动道路工程、导览系统、游客中心、景观标志建筑、A级旅游厕所、景观大道、红色壁画、生态停车场、红色小镇主题小品等9个建设项目。

一是路网建设。先后争取项目资金建成太平桥、徐羊桥及接线工程、月东路、环镇东路等，全镇形成了三横两纵（赫高路、范团路、海云—银屏山路和邵横路、茶红路）路网。目前，正在积极争取景区内其他项目，使道路进一步延长和硬化，现在正在对通往景区的主干道之一茶徐路进行改扩建。

二是先后新建了景区石雕牌坊、停车场、旅游公厕，进一步完善了基础设施。510平方米的游客接待中心建设已告一段落，即将开门迎客；公路沿线主要路口均设置了旅游交通标识牌，景区内新添了全景图、分区导览图、景观介绍牌等。

三是通过招商引资，从三水涧景区的牌坊（新四军第七师旧址）开始，打造长约3500米、宽50米的绿色景观长廊。在新四军第七师旧址大门前，200多米的将军大道已竣工，两侧竖立着26位革命先辈的半身雕像。完成的景区低压台区电网改造、广播村村通、安全饮用水等工程，进一步完善了景区功能。

四是利用农业综合开发项目，对景区沟、渠、田、林、路进行了整治，基本形成了“渠相通、路相连、树成行、田成方”的四位一体的现代农业产业体系。

五是对景区内的空心村进行整治，复垦复绿。

◆无为县红庙镇涧边村

（二）抓重点，强基地带动，助力脱贫攻坚

1.扶贫驿站成为贫困户的连心站，提供就业和技能培训机会

红庙镇就业扶贫驿站于2017年9月正式建成，并顺利通过市县人社部门（人社部门是指人力资源和社会保障部门）的验收，由红庙镇公共就业服务中心、红庙镇电商服务中心、丹阳现代农业就业扶贫车间三个部分组成。就业扶贫驿站的建成，帮助了有劳动能力、有就业愿望的贫困户能够足不出村获得就业岗位，这样既解决了企业招工难、用工贵的问题，又增加了贫困户的收入。闸北村村民项华霞，就是在扶贫车间工作的贫困户。2017年下半年农闲时候，项华霞在扶贫车间临时工作了9天，就有800多元收入。

2017年，芜湖市丹洋现代农业发展有限公司经镇、村层层遴选，被确定为红庙镇特色种养殖产业扶贫示范基地。此后，该基地又在原有的基础上，新增牡丹、菊花种植面积近350亩。扶贫基地成立后，首先通过土地托管（流转）让周边农民与贫困户获得租金红利收入；其次，通过抱团发展、贫困户入股分红等合作经营模式给贫困户增加了收入，吸纳了近160户贫困户的贷款资金，在扩大再生产的同时，贫困户又可获得每年不低于贷款总额6%的现金分红；再次，每年还能提供季节性就业岗位200余个，这些岗位优先安排贫困户进公司务工。

2.以“红为魂、绿为根”的特色旅游平台，吸引能人回乡创业

为巩固扩大脱贫成果，落实党十九大提出的乡村振兴战略，也为了能留住游客，满足游客的多样化需求，红庙镇规划了两家5星级农家乐建设用地。主要是依靠当地干部及老党员，说服家乡能人回乡创业。2017年，最终建成迎山庄园和誉秀房车露营地。其中迎山庄园能同时提供200人就餐、30人住宿服务；誉秀房车露营地能同时提供200人就餐、120人住宿。2018年“欢乐芜湖”春季乡村旅游暨“大美无为·芳华红庙”文化旅游节举办地就在誉秀房车露营地，仅一日的芳华旅游节，就吸引了近5万名游客，举办地歌美景美人更美，极大地提升了红庙旅游的知名度，同时

誉秀房车露营地还吸纳了5户贫困户就业。

◆无为县红庙镇誉秀房车露营地

◆2018年“欢乐芜湖”春季乡村旅游暨“大美无为·芳华红庙”文化旅游节（图片来源于合肥在线网）

3.加强旅游配套设施建设与管理，努力增加贫困户就业收入

为进一步促进红庙镇旅游业发展，该镇又积极向县政府申请过境的岳武高速公路互通出口，并与红色山水洞景区道路相连；同时，依托公交一体化工程在境内申报16个公交站点，并继续完善景区内各处水电路设施。此外，帮助沿途的阿花土菜馆、光明土菜馆申报了三星级农家乐，实现旅游与扶贫“双促进、两结合”格局。

4. 依托景点与游客，本地农副产品有了新的销售渠道

玩累了，到饭点了，可以找家农家乐坐下来休息一下，顺便品尝一下土生土长的食材做出来的美食。红色山水涧景区，有两家三星级农家乐，他们做菜用的鸡、鸭和蔬菜大都是从附近村民家中采购的，全是有机原生态食材，菜味地地道道，很受游客欢迎。这样，贫困户不需要上街市售卖，地里种的东西就可以销售出去。每当旅游旺季，游客爆满时，有的贫困户也学会打出招牌，摆上一两桌饭菜，招待过往的游客，饭后游客还会争相购买贫困户家里的土特产品。

2018年“欢乐芜湖”春季乡村旅游暨“大美无为 · 芳华红庙”文化旅游节，就展示了无为县本土的几十种农副产品，有襄安镇的酥糖、方片糕、无为特色板鸭等。因此，文化旅游节增加了村民的收入，提高了无为的美誉度。

具体成效

经过多年艰苦努力，红庙镇现已拥有1栋占地约3000平方米的新四军第七师纪念馆新馆；1个占地约28平方千米的国家4A级旅游景区，有约12平方千米的苗木花卉基地，每年逐月花开，美不胜收；1个牡丹花蕊茶、菊花饮品等加工车间，4条烘干设备流水线；2家集餐饮住宿为一体的准5星级农家乐，截至2018年4月，已累计吸引游客76.8万余人次。“去红庙看花旅游”已火爆无为县人民的“朋友圈”，并迅速向周边地区传播，向更远更大的城市产生影响，成为市民休闲度假的新选择。

同时随着景区逐步建成和完善，造就了一大批公益性岗位，每年能向附近居民提供季节性就业岗位200余个，且这些岗位优先安排贫困户进公司务工。2017年，共计带动贫困户30户90人，人均年增收2000元以上。

经过几年扶贫工作，已成功脱贫2068户6682人，贫困发生率降至2%，取得了较好的社会效益。

漫步于红色山水涧，不管是新四军第七师纪念馆，还是美丽新农村涧边村，抑或是万亩玉兰花海丛中，你总会看到有一些拿着钳子、提着袋子正在捡拾垃圾但神采奕奕的老人。2017年，红庙镇山水涧景区招聘了一批特殊的清洁工，总共10人，每人都60多岁了，他们在景区务工，每人每年的收入增加了5000多元。

贫困户李声宝，海云油坊人，残疾，常年离不开轮椅，妻子谢龙凤身体虚弱，重活一点不能干。自从去年到景区工作后，整个人看上去精神多了，她常对其他人说："在家门口就能做工挣钱，还可以照顾家里，真是方便。现在感觉生活有了盼头，老婆子我这么大年纪的人在家也能挣钱了，党的政策真是好啊！"

思考启示

"绿水青山就是金山银山"，伴随着社会主要矛盾的转变，人们生活水平的提高和消费观念的升级，旅游越来越大众化、平常化、多元化。在旅游大发展的时代背景下，许多旅游资源丰富的贫困地区可以"大有作为"。

（一）因地制宜，贵在精准

贫困地区之所以贫困，大部分是因为保持原生态，没有多少工业生产，经济产值低，但也正因为如此，农村原生态才能成为稀缺的旅游资源。然而，在具体涉及农村旅游扶贫时，不能一刀切、千村一面，而要在"精准扶贫"总的指引之下，立足贫困地区当地旅游资源实际情况，量身定制，通过扶持发展符合当地特色的旅游产业，扶到点上、扶到根上。

（二）农旅扶贫，核心是人

一是要有好的规划，能够吸引能人大户回乡创业。这是为什么是"回乡创业”，而不是“招商引资”？因为贫困地区多处偏远地，交通条件相对落后，很难招商，只有先吸引本村具有乡愁情结的、有一定经济实力的乡贤，为报效桑梓回乡创业，才能将资源变成资产。二是扶贫不是慈善救济，而是要引导和支持所有有劳动能力的人，依靠自己的双手做力所能及的事。旅游扶贫，不是开发旅游资源后让当地百姓坐享其成，“坐吃山空”，而是要以此来调动人的积极性和主动性，充分发挥人的主观能动性，建立起符合当地资源禀赋的产业链，实现“造血式”扶贫。既让当地的人们富“口袋”，也能富“脑袋”，改善人们的精神状态，在发展中收获参与感和获得感，从而实现物质和精神双脱贫。

（三）乡村旅游，赢在多元

盈利是景区可持续发展的动力。红庙镇旅游扶贫主要依托的，一是红色革命文化，二是花海景区。而花海景区与其他景区的不同之处在于其受花期限制比较明显，所以在景区的运营过程中既要重视花卉旅游对花卉产业的助推作用，又要重视花卉旅游在旅游业中的功能地位。除了景区门票、餐饮、住宿、购物等收入，景区应该进一步开发以“花”为主的产业链，增加花卉产品的附加值；还可以介入旅游地产，通过景观的打造，景点知名度的增加、人流的集聚来增加土地价值，从而增加景区的收入；还要注重与红色革命文化的融合与统一管理，形成区域旅游多方合力，共同提升景点知名度与舒适度。

（撰稿人：沈敏）

案例点评

富了村民、美了乡村，是无为县红庙镇乡村旅游助力脱贫攻坚的真实写照。

伴随着现代生活水平的提高和消费水平的升级，旅游越来越大众化、普及化。由于假期高速的拥堵和远途旅游成本的高昂，走进乡村、回归自然越来越受到市民的青睐。红庙镇顺势而为，深挖红色资源，发展生态旅游，有效地破解了“美丽的贫困”这一难题。

红庙镇的“红色基因+绿色经济”扶贫模式概括起来主要体现在三个方面：一是因地制宜，发展多元旅游。红庙镇依托当地红色资源，结合美丽乡村建设，实现了红色资源和花卉产业的完美“嫁接”，使得旅游资源特色化、多元化，做到了能吸引人。二是凝心聚力，完善配套设施。红庙镇投入大量精力发展硬件设施，同时加强旅游配套设施的建设与管理，做到了能留住人。三是依托景点，助力脱贫攻坚。红庙镇依托旅游资源，促进当地人就业，吸纳能人大户回乡创业，建立起符合当地资源禀赋的产业链，实现了“造血式”扶贫，既富了农民“口袋”，又富了农民“脑袋”，做到了能调动人。

“红色基因+绿色经济”成了无为县红庙镇精准扶贫的新亮点，走出了一条“看得见巨变，留得住乡愁，富得了百姓”的旅游扶贫新路子。

（点评人：陈丽　秦宇）

党建引领，务实创新，以“不变”促“多变”
——南陵县许镇镇黄墓村脱贫记

案例背景

黄墓村位于南陵县许镇镇西端六公里处，毗邻205国道，三获公路穿插而过，以三国黄盖而得名，历史遗址保存完好。黄墓村交通便捷，区位优势明显。现有耕地面积5439.87亩，水面面积2051亩，塘口众多、地势平坦，属典型圩区；下辖15个村民组，人口3348人。2014年7月，该村被列为南陵县未出列的贫困村之一，建档立卡贫困户71户156人。

基于这种状况，自2015年年初，根据市委“双联系”工作安排，黄墓村被确定为市委宣传部联系帮扶的贫困村。市委宣传部驻村扶贫工作队经过细致的调查研究，深入分析，得出黄墓村贫困的内在原因有三：一是党组织凝聚力战斗力作用缺失。村党总支自身建设薄弱，党组织软弱涣散，村干部年龄老化，进取心不强，主观能动性差，争先进位意识淡薄，不愿接受新事物，办事效率低，发展意识、服务意识、群众意识不强，党内组织生活不能正常开展，导致很多工作排名靠后。二是村集体经济发展严重滞后。村干部没能将心思精力完全用于各项事务治理上，而是得过且过，不注重也不善于挖掘资源、培育和发展主导产业，导致村集体经济处于空白，基本为零收入。三是美丽乡村建设迟滞。由于缺少集体经济收入来源，巧妇难为无米之炊，村里没有条件为老百姓办实事，也没有资金用于改善村容村貌，导致基础设施建设水平偏低，环境卫生状况不佳，村民反映的问题长期得不到解决，精神文化生活匮乏。几年来，为了甩掉贫困村的帽子，市委宣传部、驻村工作队和村“两委”紧扣“户脱贫、村出列”目标，以党建为引领，牢牢把握抓党建促脱贫实践中“不变”与“变”的关系，确保了脱贫政策落地见效，开创了各项工作的新局面。截至2017年年底，该村已脱贫71户156人，成功从贫困村中出列。

主要做法

（一）持续强化调研指导，选优配强原则不变

◆南陵县许镇镇黄墓村高标准绿叶菜生产基地航拍图（图片来源于人民网安徽频道）

要打赢脱贫攻坚战，就要派最能打硬仗的人。说到底，就是要选优配强脱贫攻坚一线的党员干部，提升基层党组织凝聚力、战斗力。为了改变黄墓村过去党支部自身建设薄弱、人员年龄老化、工作主观能动性差、发展意识不强等问题，各级党委政府高度重视，除了加强常态化检查指导外，还给予了政策、资金、项目等方面的支持，特别是在人员力量配备上逐步充实加强。现在，全村共有村干部8名，其中在编干部4名、后备干

部2名、聘用干部1名、选调生1名。村党总支书记由所在镇党委任命，并兼任村委会主任一职，村“两委”班子平均年龄35岁。同时，村“双联系”单位市委宣传部、县农委与镇有关部门选派精干力量，组成5人扶贫工作队，长期驻村帮扶，队长由市委宣传部副县级领导干部担任。市委宣传部主要领导持续关注村脱贫攻坚工作开展情况，不仅第一时间选派1名县处级干部和1名科级干部驻村帮扶，同时明确分管领导及责任科室具体对接，并要求为部机关县处级干部每人量身订制一本“扶贫口袋书”，里面详细记录各自联系户的致贫原因、收支状况、帮扶措施等，便于入户走访和精准帮扶。班子成员经常到村调研，现场办公。针对存在的特色产业少、光伏发电收益不能到账、百亩高标准绿叶菜基地建设等方面问题，积极协调帮助解决。2017年8月，对省巡查发现的问题，部班子成员又两次赴黄墓村，与扶贫干部共同梳理、查找原因，提出整改意见。调研中，领导发现贫困户对自身收入、支出等情况回答不清楚，建议选派帮扶干部为每户制作张贴“精准脱贫信息明白卡”，既方便查询，也有助于提升扶贫干部的责任心和信息透明度。

（二）精心搭建有效载体，体现党建引领的导向不变

围绕抓党建促脱贫，市委宣传部与驻村扶贫工作队共同倡导成立了“党群户联体”，旨在以户户联扶贫、户户联产业、户户联文明等形式，发挥村党组织战斗堡垒、党员先锋模范和群众自治主体三大作用。“党群户联体”构成上，一级层面为村“两委”，代表基层党组织；二级层面选取1名村干部或有威信、有带动能力的党员作为户长；三级层面可设若干普通党员和村民小组长；四级层面可吸纳多名贫困户、普通户、非党员经营者等参与。所有成员以共同价值取向和利益目标为纽带，组成了大小规模不一、参与人数不定、呈现类型不同，具有“命运共同体”性质的村党组织领导下的自治互助体。在这个思路指导下，黄墓村成立了以村委会副主任邓修华为户长的志愿服务型、以村党总支书记邓小三为户长的项目收益型、以党员大户邓修满为户长的互帮互带型“党群户联体”。

（三）切实做到纾困解难，体现为民服务的宗旨不变

要把困难群众当亲人，驻村扶贫工作队每年驻村时间不少于220天，他们想点子、找对策，从人力、物力、财力、项目、信息和服务等方面尽力帮助贫困户落实帮扶发展之策。2017年，市委宣传部机关县处级干部包保或定点帮扶贫困户9户，全年走访贫困户140户次，在宣传脱贫政策的同时，收集贫困户在医疗、住房、教育、生活等方面的“微心愿”，不仅向他们提供慰问钱物2.3万多元，而且利用一切可利用的资源争取到各类脱贫政策，切实将为民服务的宗旨贯穿到帮扶工作全过程。例如，贫困户傅书祥做小工维生，妻子因脑出血形成肿块，需做开颅手术，家里无法承担高额手术费，因病致贫。为此，我们联系到市第二人民医院脑外科医生为傅书祥妻子成功进行了颅骨修复手术。随后，又为其落实“351”“180”健康脱贫政策，原本应由个人担负的五万元医疗费，最后只需缴纳5000元，剩余费用全部由政府兜底，极大地减轻了他们的家庭负担。

爱心助学方面，以全国扶贫日活动为契机，认领扶贫项目，联系安徽华仑港湾文化投资有限公司捐资，设立黄墓村教育扶贫助学基金，用于长期资助村贫困家庭学生。

电商扶贫方面，联系芜湖广电的幸福路·爱心扶贫专营店，谋划依托专业化的销售平台，结合黄墓村悠久历史文化，对村特色农副产品设计包装、宣传营销，带动贫困户增收。

健康扶贫方面，联系芜湖市中医医院，设立黄墓村健康脱贫爱心诊疗点、将每月第三周的周五定为黄墓村村民的“健康日”，为黄墓村村民开设双向转诊“绿色通道”，探索建立市中医院、镇中心卫生院、村卫生室三级新型“医联体”，方便群众把“健康”带回家。

（四）发挥战线帮扶优势，体现部门职能的定位不变

市委宣传部立足媒体宣传、文化扶贫、文明创建三大职能定位，为脱贫攻坚营造浓厚的宣传氛围、文化氛围、创建氛围。一是利用媒体资源，

特别是新媒体优势，聚焦关乎群众切身利益的小事，充分展示贫困户脱贫之路，向社会传递出党委、政府打赢脱贫攻坚战的信心和决心。二是组织市文化委、市文联等单位精心策划开展以扶精神、扶智力、扶志气为重点的文化扶贫活动，考虑在活动中增加扶贫知识有奖竞猜、群众互动等环节，达到寓教于乐、愉悦身心的效果。三是结合实施乡村振兴战略，以推进移风易俗为抓手，在道路两旁、村口附近设置美丽乡村、社会主义核心价值观宣传展板。结合重大主题主线，通过打造“黄墓好儿郎”系列活动品牌，发挥少年儿童群体在家庭、社会中的特殊作用，传播正能量、弘扬主旋律，让孩子成长成才，阻断贫困代际传递。

具体成效

（一）基层党建得到巩固，党群关系呈现新变化

◆南陵县许镇镇黄墓村村部

建立志愿服务型“党群户联体”，使志愿服务对象转向了户联体内贫困户，这不仅受贫困户欢迎，也拉近了户联体成员之间的距离。71岁的贫困户邓修家是“党群户联体”中的一员，无劳动能力，户长邓修华组织户联体内其他成员为其义务修缮整理房屋，改善居住环境。建立项目收益型

“党群户联体”，拓宽了贫困户增收渠道。经村党总支书记兼户长邓小三联系，扶贫项目——绿叶菜大棚基地经营者马宝林表示愿意加入户联体，并拿出一部分大棚，以长期用工、大户代养、临时用工等形式，带动户联体内贫困户增收。目前，该项目收益分红30户，每户增收500元。建立互帮互带型“党群户联体”，实现抱团取暖、共同致富。在党员大户兼户长邓修满的带动下，邓绪富、史兰英2名贫困户成员表示自愿加入，并达成协议，由邓修满免费提供鸡苗，待贫困户将鸡养大后，再以市场价回购。邓修满对送出去的鸡苗非常上心，隔三岔五地就来看鸡苗生长势头，并及时送来疫苗、精饲料等，真心帮助贫困户把鸡苗养好。从效果看，每户全年可增收1000多元。有了党员的传帮带，贫困户有了收益、生活好过了，党群关系自然变得融洽。

（二）脱贫任务得到落实，发展面貌呈现新变化

市委宣传部紧盯“村出列、户脱贫”硬任务，与驻村扶贫工作队、村“两委”共同完成了年度脱贫攻坚任务。目前，村出列四项指标已全部达成。贫困发生率方面，全村813户3348人，2014年贫困人口建档立卡71户156人，贫困发生率4.66%。目前，因病致贫尚未脱贫1户2人，贫困发生率0.06%。特色产业方面，已建成特色种植业扶贫产业基地4420亩。2017年，品牌粮生产纯收入共56.0341万元，带动农户392户，占全村农户的48.22%。其中，贫困户68户，实现全覆盖，贫困户人均收入可达1958元。村集体收入方面，主要来源农商行股权分红、农业综合开发产业化贴息项目财政资金补助、光伏电站上网电费收入、百亩高标准绿叶菜生产基地租赁收入共计25.4万元。村内基础设施和基本公共服务方面，2014年以来，村实施扶贫项目37个，总投资1733.6115万元。其中，专项扶贫项目8个，总投资637.37万元，带动贫困户50户。目前，全村15个村民组通水泥路，百亩以上塘口全部清淤完成。2017年，该村获省级“森林村庄”称号。可以说，村各项事业发展得“颜值”高了，“气质”好了，“底气”足了。

◆收获后满脸喜悦的贫困户

（三）资源优势得到利用，结对帮扶呈现新变化

以村脱贫实效为素材，依托广电传媒平台，策划制作“脱贫攻坚真抓实干、服务群众真心实意”扶贫工作侧记宣传片，生动展示帮扶过程中的点点滴滴。制作驻村扶贫工作队故事短片，参与“新时代·新芜湖·新作为”主题微视频征集大赛，视频点赞量居全市前列。依托“今日芜湖”客户端等平台，先后刊发“抓健康脱贫、让村民把健康带回家”“搭建电商平台、助力精准脱贫”等稿件。其中，2018年4月15日《芜湖日报》头版头条刊发文章《抓党建促脱贫的“变”与“不变”》，反响较好。牵头举办“文化扶贫携手小康”送文化情暖乡村活动，扶志扶智理念深入人心。同时，还先后组织党员干部来村开展义务植树、“道德讲堂”“文化科技卫生三下乡”、党的十九大精神宣讲、上党课等活动。协调相关文明单位，购置了300个环卫垃圾筒，助推“清洁城乡·美化家园”行动开展；联系市气象局捐赠户外大型电子显示屏一块，用于宣传扶贫政策、文明创建、乡村振兴战略等，还联系企业为村党员活动室捐助4台空调。资金上，文化企业捐助50000元，部机关扶贫日捐款7100元，合计57100元，用作首笔教育扶贫专项基金。在脱贫攻坚的进程中，结对帮扶的形式发生新变

化，不仅贴近实际，更注重体现单位帮扶的特色和优势。

思考启示

打赢脱贫攻坚战，必须精准施策，做到因村施策、因户施策，用好扶贫的每一分钱。

（一）领导重视、提高政治站位，是确保如期完成脱贫攻坚任务的根本前提

◆贫困户向村委会和扶贫工作队赠送锦旗

市委宣传部领导班子，特别是主要领导充分认识到打好脱贫攻坚战在决胜全面建成小康社会进程中的重大意义，先后过问、谋划、协调了工作过程中的每一个环节。这充分表明，脱贫攻坚绝不是一般性、临时性的专项工作。要想在脱贫攻坚中取得实实在在的效果，必须把政治责任放在第一位，践行“三严三实”要求，深入基层问需于民、问计于民，精准对接群众所需所盼，做到真扶贫、扶真贫、真脱贫，让群众得到实惠。

（二）实现好、维护好、发展好贫困群众的根本利益，是脱贫攻坚工作的责任和使命

◆扶贫工作人员走访贫困户

通过认真调研，从解决贫困群众最关心、最直接、最现实的利益问题入手，将健康扶贫、教育扶贫、文化扶贫放在重要位置，在打基础、强功能上下功夫。事实证明，只有坚持以人民为中心的工作导向，把解决群众身边的“小事”作为帮扶工作的出发点、落脚点和切入点，以小见大、以点带面，扶贫效果才会事半功倍；只有找准村贫困、户贫困的“病根”，精准施策、精准扶贫，脱贫攻坚工作才能做到有的放矢。

（三）创新载体形式、密切党群关系，是抓党建促脱贫的必然要求

市委宣传部倡导谋划成立的“党群户联体”在实际帮扶中起到了应有作用，这说明：一是给钱给物，不如建个好支部。户联体内，群众有问题找户长，户长不能解决的，提交村“两委”协调解决，真正发挥基层党组织战斗堡垒作用，让党员和群众感受组织的力量、优势和温暖。二是看村看户，关键时候看干部。鼓励有能力、有条件的党员结对帮扶贫困户，在信息、资金、

技术等方面给予指导，大家形成新的利益共同体，共同致富。户联体内党员有了责任感和荣誉感，调动大家参与脱贫攻坚的积极性和主动性，成为打赢打好脱贫攻坚战的生力军。三是靠天靠地，归根结底靠自己。通过建立户联体，让群众与党员共同参与村级事务治理，从而激发群众主人翁意识。

（四）扶贫与扶志、扶智相结合，是激发困难群众脱贫致富精神动力的有效之举

市委宣传部采用制作“扶贫口袋书”、举办道德讲堂、组织文化惠民演出、开展理论基层宣讲、推进环境综合整治、强化宣传推介等方式，提升农户对各项政策的知晓率，引导贫困户树立“我脱贫，我光荣”的正确理念，激发自身发展内生动力。事实证明，扶贫必先扶志，重在通过文化、宣讲等形式，对贫困户进行润物细无声的教育，从根源上扭转其长期存在的那种“靠着墙根晒太阳，等着别人送小康”思想观念，使他们真正意识到幸福生活都是奋斗出来的，等不来，更要不来。同时，再辅以产业支撑，为其注入经济发展来源，就能有效地让“输血”扶贫变为“造血”扶贫。

（五）建立常帮长效机制，是不断巩固和提升脱贫攻坚成果的有力保障

村摘帽、户脱贫固然可喜，但并不意味着没有贫困。几年来，作为帮扶责任单位，市委宣传部与村的帮扶关系从未改变，部机关党员与联系户的感情联络也从未间断。这说明，建立健全单位帮扶的长效机制，做到脱贫不脱政策，脱贫不脱帮扶尤显重要必要。要保持对联系村的关心度、关注度，落实好扶贫政策，继续加大帮扶力度，做到“脱贫攻坚，我们一直在路上”“小康路上一个都不能少”。针对边缘户、返贫户，要善于在教育扶贫、健康扶贫、文化扶贫等方面做长线、做品牌，以实际举措阻断贫困代际传递。唯此，才能持续巩固脱贫攻坚成果，为决胜全面建成小康社会做出我们的不懈努力！

（撰稿人：谢磊）

案例点评

习近平总书记指出："要把扶贫开发同基层组织建设有机结合起来，真正把基层党组织建设成带领群众脱贫致富的坚强战斗堡垒。"南陵县许镇镇黄墓村正是从习近平总书记的重要论断出发，践行着"围绕扶贫抓党建，抓好党建促扶贫，检验党建看脱贫"的理念，探索出一条扶贫攻坚的好路子。

黄墓村的做法有以下几点可取经验：一是选好"领路人，"驻村更富村。上级党委政府对村领导班子配备高度重视，换届后的村"两委"班子平均年龄35岁。"双联系"单位选取精干力量，组成扶贫工作队，印制"扶贫口袋书"，做到精准帮扶。二是搭建新载体，探索脱贫路。黄墓村成立"党群户联体"，使党群关系变得融洽，拓宽了贫困户增收的渠道，实现了抱团取暖、共同致富。三是扶贫更扶志，变"输血"为"造血"。一方面，通过道德讲堂、组织惠民演出等文化宣讲形式，切实扭转贫困户"等着别人送小康"的观念，提供了脱贫的内生动力；另一方面，辅以产业支撑，为其注入经济发展来源，提供必要的外在支撑。

打赢脱贫攻坚战，激战正酣；决胜全面小康路，任重道远。黄墓村的扶贫模式给了我们有益的启示：只有始终坚持党建引领，筑牢基层基础，强化责任落实，凝聚最大合力，才能让飘扬在扶贫一线的党旗愈加鲜艳！

（点评人：陈丽　秦宇）

小荸荠　大文章
——无为县泉塘镇金牛村荸荠产业扶贫记

“红漆碗，装白饭，又好吃来又好看。”这则谜语的谜底是无为县的农产品之宝——荸荠，又名马蹄。在精准扶贫工作中，无为县金牛村充分利用荸荠种植的产业优势，大力推行“四带一自”产业扶贫模式，构建“三有”型（“三有”是指村有当家产业、户有致富门路、人有一技之长）稳定脱贫新模式。

案例背景

金牛村地处无为西南的泉塘镇，与蜀山镇相邻，全村总面积7平方千米，水面730亩，林地面积70亩，耕地5433亩，总人口3051人，其中中共党员66人，贫困户94户287人。过去，金牛村没有对口的扶持资金，村集体经济几乎空白，脱贫攻坚形势十分严峻。

但金牛村自20世纪80年代初，就开始种植荸荠，至今已有30余年。多年的荸荠种植经验，加之近年来荸荠市场需求稳定并大有上升之势，令该村种植荸荠的积极性增高。全村5000多亩耕地，1750亩种植了荸荠。然而，由于资金技术缺乏，且荸荠常受病虫害的困扰，使得当地荸荠种植收益并不高，因此该村还是处在贫困线之下。如何从该村实际出发，在小荸荠上做大文章，让荸荠这个“黑果子”变成“金果子”，带动全村脱贫致富成为金牛村亟须解决的问题。

主要做法

近年来，金牛村以精准脱贫工作为契机，找准基层党建与脱贫攻坚的结合点，通过加强基层党组织建设，发挥党员先锋模范作用，强化服务理念，从学本领、调结构、办实事、聚民心等方面入手，创新工作思路，坚持为民服务，促进村级经济社会各项工作的同步发展，赢得了广大群众的信任与支持。

（一）筑牢坚强堡垒，发挥领导核心作用

1.“接地气”的扶贫阵地

村级组织活动场所是农村党组织和党员干部集中学习、开展活动的基本阵地，是广泛联系群众、组织群众、服务群众的重要窗口，也是为群众提供文化、教育、娱乐和生产生活服务的主要场所。金牛村村部设备老化、墙体开裂、地面坑洼、配套不齐、工作方式落后，早已无法满足村委正常的办公需求以及党建活动和扶贫工作的开展。为了充分发挥基层党组织在脱贫攻坚中的战斗堡垒作用，将村党建工作抓牢抓实，扶贫工作队积极联系帮扶单位、整合各方面资源，开展基层党组织标准化建设。扶贫工作队和村“两委”自己动手，对村级组织活动场所和为民服务中心进行修缮房屋、更新设备、完善设施等一系列改造，保证服务党员和群众有阵地。现在的金牛村村部面貌焕然一新，设施齐备，功能齐全，服务更加优化。村部已经逐渐变成了集“党群、服务、文化”于一体的场所，真正打通了服务群众的“最后一公里”。

2.走“心”的扶贫工作队

“用爱温暖着贫困户，用心守护着贫困村，用力为贫困村争取项目。”这是金牛村驻村扶贫工作队的座右铭。

驻村伊始，工作队便深入金牛村的所有自然村进行调研，并坚持每天记录民情日记，以便全面了解村里所有贫困户的情况，有针对性地因户施

策。为了使金牛村有长期稳定的经济来源，驻村扶贫工作队利用自身选派优势，积极争取高标准绿叶菜基地项目落户金牛村。项目启动后，工作队更是利用节假日与村“两委”的同志一起深入田间地头，丈量项目用地数据，挨家挨户同流转土地的农户沟通交流，化解各种矛盾，顺利推进项目实施。高标准绿叶菜基地项目建成后，成功引进了云中生态农业发展有限公司承租种植，该项目的实施带动了金牛村蔬菜产业的形成。直接带动15户贫困户就业，每户年增收5000—10000元，间接带动12户无劳动力贫困户资产收益分红，每户年增收300元。在扶贫工作队的积极带领下，金牛村各类扶贫项目已取得明显成效。2017年村集体收入达到7.5万元，完成了贫困村出列任务，预计2018年村集体收入能达到12.5万元。

（二）发展“一村一品”，培育当家产业

产业是实现贫困群众可持续脱贫的重要依托。论起金牛村的当家产业，非历史悠久的荸荠种植莫属。为了能够更加深入地了解该村传统荸荠产业的发展情况，扶贫工作队和村“两委”通过调研了解到，荸荠种植稳定性高，每亩荸荠收成5000千克左右。2017年年底，带皮的荸荠每千克售价1.3元，削皮后的荸荠每千克售价2.5元，这样每亩荸荠每年收入5000—8000元，所以大部分农户都对种植荸荠有很深的感情。同时，在几十年的荸荠种植生产过程中，金牛村形成了从种植、加工（削果皮）到销售的一条完整的产业链。

在调研的基础上，扶贫工作队和村“两委”都认为，荸荠作为金牛村的主要产业，具有很好的产业基础、技术经验和市场销路，因此一致决定将荸荠种植作为“一村一品”的主导产业来打造。该村和农业主管部门紧密联系，一方面引进荸荠新品种“桂蹄2号”“桂蹄3号”，通过改善品种结构，提升品质，提高产量；另一方面，大力开展荸荠种植技术培训，让更多的农户掌握种植技术。在工作队和村“两委”的积极引导下，在亩均5000余元效益的激励下，该村荸荠种植产业规模迅速扩大。在2017年贫困村脱贫出列考核时，全村种植面积已达1769亩，占全村总耕地面积的

33%，产值约占全村农业总产值的41%，荸荠种植真正成了带动群众增收致富的当家产业。

（三）激发内生动力，扶持自主发展

对于有条件、有能力发展农业生产的贫困户，最主要的扶贫方式就是激发其内生动力，扶持其发展一项特色农业产业，通过自主发展实现脱贫。为此，金牛村党支部组织驻村扶贫工作队、村“两委”和部分种养植大户代表赴和县、南陵、高沟、沈巷、六郎、花桥等地学习考察，借鉴当地现代农业发展的成功经验，帮助他们开阔视野、解放思想。此外，还特邀市农委、市财政局农业科、市科技局社会事业科、市科协等农业对口单位的领导、专家、教授，多次赴金牛村开展农业项目实施指导和实用技术培训，提高贫困户的农业生产技能，加大培养带头人队伍。

◆荸荠新品种种植示范推广培训会

2017年，金牛村联系县农委技术专家和镇农技人员与被确定为荸荠产业扶贫对象的贫困户进行结对帮扶、全程技术指导，确保贫困户生产安全；引导荸荠收购企业与贫困户签订订单生产合同，确保贫困户的收益安全；积极为贫困种植户申报产业奖补，全村共申请22户奖补2.46万元。金牛村的这些举措既帮助贫困户解决了技术资金方面的难题，又帮助他们解决了销路问题，这让贫困户打消了顾虑，可以安心从事荸荠种植，从而帮助他们实现自主脱贫。

（四）借力经营主体，产业带动就业

充分调动经营主体参与扶贫的热情，凝聚“政府+社会+个人”的力量，形成工作合力，是脱贫攻坚的重要组织方式。金牛村依托现有的产业基础，大力发展特色产业基地建设。同时，利用金牛荸荠种植专业合作社带动作用，让贫困户实现居家就业。

1.建基地促就业

2017年5月，泉塘镇在荸荠的主产区金牛村，以金牛荸荠种植专业合作社为实施主体，投资15万元建设了一个208亩的荸荠产业扶贫示范基地，并组织邀请荸荠种植大户、镇农技专家对示范基地片区的种植户开展荸荠种植技术培训。在镇农技专家的指导下，引进优良品种，开展育秧、田地耕整等工作。建设示范基地，不仅可以示范推广荸荠新品种、种植新技术，还可以进一步带动全村荸荠产业的发展，提高种植产量和效益，提高抗市场风险的能力。扶贫示范基地项目的带动将持续三年，可成为贫困户增收致富的重要依托。

◆坐落于金牛村的荸荠产业扶贫示范基地

2. 推行居家就业

居家就业，是扶贫开发中为贫困户量身打造的一种新型就业模式。由于金牛村大部分贫困户是因病因残致贫，为了使这部分贫困户也能享受到荸荠产业发展的红利，该村积极引导荸荠经营主体进行一二三产业融合发展，在县级农业产业化龙头企业——金牛荸荠种植专业合作社建立居家就业基地，对部分不便于进企业务工的贫困户，推行荸荠初加工的居家就业模式。一方面，通过提供技术服务和订单生产、保护价收购等方式，带动贫困户增收；另一方面，合作社为贫困户提供削果皮的居家就业机会，即合作社提供荸荠原果，由农户在家削皮后回购，每100斤农户领取约70元的加工费。削果皮操作简便且劳动强度不高，非常适合农户居家就业。目前，金牛荸荠种植专业合作社已经吸纳了周边24户贫困户，每年可稳定提供长达200天的工作时间，该合作社也被无为县认定为第一批居家就业扶贫基地。

◆金牛荸荠种植专业合作社务工人员正在清洗、分装荸荠果

为了能够充分发挥合作社的优势，带动贫困户发展，金牛村还将5万元产业扶贫资金投入该合作社，每年入股分红1万元。此外，金牛村积极争取政府的优惠政策，充分利用现有基础设施条件，转变合作社的生产经营方式，提高合作社的市场竞争力，增加合作社的经济收入。

具体成效

2017年，金牛村依托“一村一品”的荸荠种植产业，带动贫困户种植新型品种，帮助贫困户增产增收。全村共有荸荠种植面积1769余亩，年收入达660万元，进行良种改造后预计亩产还能增收0.25万元。通过订单生产，和贫困户签订保护价，以每千克2.6元的价格收购荸荠，同时，荸荠产业扶贫示范基地带动10户贫困户在基地内从事田间管理工作，帮助贫困户年增收3.2万元，有力地促进了这10户贫困户在当年就摘掉了贫困的帽子。2017年，该基地已实现销售收入80余万元，净利润60余万元。金牛村的金牛荸荠种植专业合作社通过吸纳周边24户贫困户从事荸荠收购和推进居家就业，发动贫困户在家里进行荸荠削皮初加工，从而带动贫困户增收，2017年实现户均增收约2万元。除了种植荸荠，削果皮也成了这些贫困户稳定脱贫的一技之长。

63岁的贫困户安计宏就是其中一个典型的例子。因妻子焦荣翠视力一级残疾，并且丧失了劳动能力，家里的重担全部压到了安计宏一个人身上。此前，安计宏和村里大部分村民一样，在自家地里从事螃蟹养殖，但因为天气、水源、技术等原因，常年处于亏损状态，导致原本困难的家庭雪上加霜。为了能帮助安计宏彻底摆脱贫困，扶贫工作队帮助安计宏参与土地流转，为其提供技术支持和介绍务工渠道。2017年，他除了自己家的2.38亩土地外还承租了1.8亩土地用来种植荸荠。到了荸荠成熟的季节，扶贫工作队又介绍安计宏到金牛荸荠种植专业合作社务工，主要是清洗荸荠、削果皮、装袋等，这样他一天收入也有100多元。在2017年国家第三方评估中，他的家庭人均纯收入达到了11500多元，顺利地摘掉了贫困的帽子。

思考启示

金牛村“党组织+产业+贫困户”模式，有力地调动了贫困户发展生产的积极性和主动性，同时通过市场手段进行托底支持，围绕产业链、打造创新链、整合利益链，有力地带动金牛村贫困群众脱贫致富。

（一）树立自立自强的脱贫意识

习近平总书记指出：“扶贫先要扶志。”扶志就是扶思想、扶观念、扶信心，帮助贫困群众树立起摆脱贫困的斗志和勇气。贫困群众既是脱贫攻坚的对象，更是脱贫致富的主体。但在有些地方，贫困群众“等、靠、要”思想严重，习惯于依赖国家政策的支持，这导致政策变了味，扶贫成了养懒汉。给再多的资金、再好的政策，扶贫工作也难有成效。“扶贫先扶精气神”“幸福都是奋斗出来的”，习总书记如是说。在实际工作中，我们要注重将扶贫同扶志相结合，充分调动贫困群众的积极性和主动性，引导贫困群众树立自立自强的脱贫意识，发扬自力更生精神，激发贫困群众自我发展的内生动力，引导其走上脱贫致富的道路。

（二）打造稳固不走的扶贫队伍

村子要发展，群众要致富，关键靠支部。给钱给物，不如建个好支部。农村基层党组织是贯彻落实党的扶贫开发工作部署的战斗堡垒，干部群众是脱贫攻坚的重要力量。扎实开展精准扶贫精准脱贫工作，要同基层党组织建设有机结合起来，抓好以村党组织为核心的村级组织配套建设，选好配强村级领导班子，鼓励和选派思想好、作风正、能力强、愿意为群众服务的驻村干部到贫困村工作，培养农村致富带头人，帮助村“两委”班子提高带领群众脱贫致富的能力和水平。通过发挥基层党组织的凝聚力和引导力，充分把党员干部和能人大户组织起来，发挥“领头雁”“排头兵”的作用，努力打造一支“不走的扶贫工作队”，真正把基层党组织建设成带领群众脱贫致富的坚强战斗堡垒。

（三）扶持本地特色的产业项目

贫困地区、贫困人口要想彻底摆脱贫困，走向富裕，仅靠政府扶持还不够，还要帮助他们寻找致富新路子，以“输血”促“造血”，防止脱贫后再返贫。发展特色产业是实现农业增效、农民增收的有效途径，更是实现乡村振兴的重要内容。因地制宜、因势利导，整合扶贫、农业、交通、水利、金融等相关部门的资源和力量，根据本地资源禀赋和发展阶段实际，找准产业，明确产业定位、优化产业布局、提升产业素质是推动特色产业发展的重要途径。同时，还要充分发挥示范基地和农民专业合作社在发展特色产业中的带动作用，采取“专业合作社+产业基地+贫困户”模式，通过项目资金支持和示范建设，带动贫困人口广泛参与能致富、可持续的优势产业，增强产业的扶贫效果，提高扶贫对象参与产业的组织化程度，不断提高扶贫对象增收致富的能力。

（撰稿人：张慧）

案例点评

金牛村在小荸荠上做成了大文章，“黑果子”向着“金果子”的转变过程着实令人感慨、喜悦！合上电脑，起身茗茶间，那个红黑相间的小果子仿佛跃动于眼前，上下飞舞着，穿针引线般地将金牛村在脱贫路上的一幕幕联结成清晰的影像。

在这动人的影像中，首先映入眼帘的是田间地头上正在用泥土和汗水记录民情的扶贫干部。他们时刻践行“用爱温暖着贫困户，用心守护着贫困村，用力为贫困村争取项目”的座右铭，精准发力，寻找金牛村脱贫致富的康庄大道！镜头转动中，仿佛又看到在荸荠产业扶贫示范基地那块醒目的蓝色告示牌下，技术专家和产业能手正在为一些已经由“要我发展”到“我要发展”思想转变的村民答疑解惑。从村民舒展的眼角，可以看到“政府+社会+个人”扶贫模式带来的希望！小小的荸荠依然飞舞着，转瞬间又在眼前堆砌成座座“小山”，“小山”的脚下是转动的机器和忙碌的村民。得益于从种植、加工（削果皮）到销售这条完整的产业链，因病因残致贫的村民足不出户就可以实现居家就业……

现在，小荸荠已经为金牛村带来了660万元的收益。未来，这小小的荸荠还将披上金色的彩衣，越过日渐繁盛的村落，飞向更远的市场，为金牛村撑起一片广阔的天空。

（点评人：胡沐）

发展产业是实现脱贫的根本之策

——南陵县农委特色种养业帮扶纪实

案例背景

南陵县位于安徽省东南部，是芜湖市管辖县之一，地处皖南丘陵向沿江平原过渡地带，是通往“两山一湖”（黄山、九华山、太平湖）的重要门户。南陵县辖8个镇、155个村、21个居委会；南陵县建档立卡贫困户7799户17830人，建档立卡贫困村8个。

习近平总书记强调，“发展产业是实现脱贫的根本之策。要因地制宜，把培育产业作为推动脱贫攻坚的根本出路。”南陵县认真贯彻落实习近平总书记关于扶贫开发系列重要讲话特别是视察安徽重要讲话精神，提出实施脱贫攻坚“九大工程”，把发展特色种养业作为产业脱贫工程的首要任务。针对当前特色种养业扶贫中仍存在着产业扶贫覆盖不全、产业选择不精准、新型经营主体带动力不强等问题，县农委、财政局、扶贫办联合印发《关于特色种养业扶贫工程的实施方案》，专门对特色种养业扶贫工作做出部署。各镇各部门加强规划引领和示范指导，扶贫成效渐显，涌现了一批典型范例。

主要做法

（一）规划引领

组织编制《南陵县“十三五”产业精准扶贫规划》，从生产环节、加工环节、市场销售环节和利益联结机制等方面，分别提出粮油产业、蔬菜产业、茶叶产业、林特产业、水果产业、中药材产业、畜禽产业、渔业等10大产业扶贫发展目标和重点任务及年度计划。县农委、财政局、扶贫办联合印发《关于特色种养扶贫工程的实施方案》，分年度细化目标任务，确定重点工作，落实保障措施。制定《特色种养业“菜单式”扶贫参考手册》，指导贫困村、贫困户围绕重点扶持的粮油产业、蔬菜产业、畜牧产业、渔业、特色农业、林特产业、休闲农业等7类产业，精准筛选可从事的具体脱贫产业。8个镇结合本地实际编制本区域内的产业精准扶贫规划，具体落实特色种养业扶贫任务。县农委组织开展农业产业扶贫优秀范例总结暨宣传推广活动，总结提炼农业特色产业扶贫范例6个，分别为南陵县家庭农场带动贫困户发展案例（南陵县李程草莓种植家庭农场）、南陵县龙头企业青弋江种业有限公司带动贫困户发展案例、南陵县龙头企业永兴米业带动贫困户发展案例、南陵县家发镇滨玉村大山农民专业合作社带动贫困户发展案例、南陵县烟墩镇新型农业经营主体（芜湖市安兴生态农业有限公司）带动贫困户发展案例、南陵县政策激励贫困户（何湾镇青山村河西组陈德洲）开展养殖脱贫案例。

（二）政策支持

南陵县人民政府办公室印发了《关于进一步推动产业扶贫全覆盖实施方案的通知》（政办〔2017〕24号），分别从特色种养、资产收益、休闲旅游业、电商服务业、农产品加工业、光伏产业等方面进行政策支持，为做大做强我县农业传统产业，培育壮大新型产业，探索建立经营主体与贫困户利益联结机制，带动和扶持贫困户稳定增收，进一步为推进产业扶贫全覆盖本县奠定基础。南陵县农业委员会、南陵县扶贫开发领导小组办公室出台了关于印发《2017年特色种养业扶贫实施方案的通知》（农政〔2017〕86号）、《关于调整贫困户发展特色种养业补助标准的通知》（农政〔2017〕94号），通过以上两个文件鼓励支持发展特色种养业，强化新型农业经营主体带动作用，努力提高特色种养业覆盖面。同时，南陵县农业委员会还出台了《关于印发南陵县产业扶贫示范基地建设的指导意见的通知》（农政〔2017〕60号），规范了产业扶贫示范基地建设标准，有效发挥新型农业经营主体的带动作用。为加强产业扶贫宣传，南陵县农业委员会又出台了《关于印发进一步加强产业扶贫宣传工作方案的通知》（农政〔2017〕266号），旨在通过多种形式加强宣传，使城乡居民充分了解特色种养业扶贫内容和政策措施，提升居民知晓率和满意度。

县农委、财政局、扶贫办联合印发《关于特色种养业扶贫工程的实施方案》，出台20项特色种养的具体扶持政策，如《关于调整贫困户发展特色种养业补助标准的通知》《关于印发南陵县产业扶贫示范基地建设的指导意见的通知》《关于南陵县新型农业经营主体吸纳贫困户土地入股合作奖补办法》（农政〔2017〕136号）等，对贫困村集体经济发展给予倾斜支持。2017年，分配到8个贫困村的资金约1187万元，占县农委扶贫资金总量的48.9%。同时，各镇农业办把带动贫困户作为支持新型农业经营主体项目资金、评选示范主体的重要条件，加大对带动主体的扶持力度。2018年，我县投入特色种养业扶贫资金近5000万元，占全县总投入资金总额的51%。

建立特色种养业扶贫信息调度制度，每月调度一次特色产业扶贫工作进展情况。制定贫困村、贫困户特色种养业目标任务完成标准，对全县特色种养业实行绩效管理，把特色种养业扶贫工程纳入对8个镇党政领导班子和党政主要负责人的脱贫攻坚考核中。

（三）选准产业

一是坚持因地制宜原则。合理布局脱贫产业和脱贫项目，支持新型经营主体与贫困户建立稳定的利益联结机制，推动特色产业规模化发展，确保产业发展的持续性和有效性，做到宜农则农、宜工则工、宜商则商、宜游则游。二是坚持以增收为目的原则。把实现贫困户增收脱贫作为产业扶贫的根本目的，避免产业扶贫与脱贫致富“两张皮”。

在农产品总量供大于求的宏观背景下，必须从当地的资源条件、市场需求、发展趋势出发，选准特色种养扶贫产业，挖掘特色和优势，紧盯脱贫目标，因村、因户、因人施策。何湾、工山、三里、烟墩、家发等山区镇，土地资源丰富，环境承载能力较强，但中低产田、低产低效林比重大，交通、水利等基础设施薄弱。所以我们要积极谋划实施基础设施类项目，加强农田水利设施建设，加快转变农业生产方式，推进农业规模化、集约化、标准化经营，提升农业综合生产能力。重点培育中药材（凤丹、桔梗、黄精）、茶叶（黄茶、白茶）、水果（蓝莓、葡萄、青梅）、畜禽（食草性动物白鹅、肉羊等）、林特［含林下种植、林下食（药）用菌培植、林下养殖等林下经济］、休闲农业和乡村旅游等特色主导产业，推动农牧结合、农旅融合，带动贫困人口脱贫致富。许镇、弋江、籍山等圩区镇，水资源富足、土地肥沃，综合利用地方农业资源，强化农田水利基础设施建设，大力发展设施农业、生态农业、精品农业，重点培育优质水稻、绿色蔬菜、特色水产、休闲农业和乡村旅游等特色主导产业，并积极推广农渔共生（稻—虾、稻—鳖等）、农牧共育（稻—鸭）等生态种养模式，打造一批面向长三角发达城市的优质农产品生产和一二三产融合发展的基地，从而带动贫困人口脱贫致富。

（四）主体带动

大多数贫困户之所以贫困，主要原因是他们能力较弱，对市场反应不灵敏，而且缺资金、缺技术、缺管理，因此需要有人带一带、帮一帮他们，新型农业经营主体既是发展现代农业的主力军，也是带动普通农户发展现代农业的“领头羊”，必须借助他们的力量来带动贫困户增收脱贫。如烟墩镇海井村安兴茶叶专业合作社建立起经营主体与贫困户的利益联结机制，通过金融扶贫、技术指导、务工就业等措施，辐射带动贫困户35户实现脱贫。

新型农业经营主体带动贫困户发展主要有五种利益连接模式，即“现金入股+分红”“正常租金+多予”“订单收购+溢价”“务工工资+额外”“托管服务+少取”。采取“特色主导产业+经营主体+贫困户”的方式，再结合以上五种模式，与贫困户深度对接，建立较为紧密的帮带关系，增加他们的收入。

（五）科技帮扶

加强产业实用技术推广应用和贫困户技能培训，建立农技服务精准到户机制，确保技术服务直接到户到人，是特色种养业发展和取得扶贫成效的重要支撑。县农委整合新型职业农民培训、就业培训项目，年培训农民和贫困户8000余人次。实现“一对一”精准扶贫。全县技术人员每人选定2个帮扶对象，开展“五个一”技术扶贫行动，推动贫困户走上技术脱贫路。

南陵县农业委员会出台了《关于印发南陵县2018年特色种养业扶贫宣传工作方案的通知》，旨在通过宣传单、标语、宣传栏宣传，网络、媒体宣传，农业、林业单位宣传，贫困户宣传等多种途径大力宣传报道实施特色种养业扶贫的重要意义、相关政策及主要内容，让广大干部和贫困人口充分了解特色种养业扶贫工作的组织、实施、落实和进展情况，使特色种养业扶贫政策深入人心，营造全社会关注特色种养业扶贫的氛围，让全社会都加入支持、参与、监督特色种养业扶贫的实施工作中来，及时反映我县特色种养业扶贫的工作成效，确保我县特色种养业扶贫工作任务顺利完成。

（六）市场开拓

既要立足市场选准产业，也要不断开拓市场。坚持标准化生产方式与绿色生态种养模式相结合，全面推进无公害、绿色、有机认证，充分利用

“互联网+”特色农业发展机遇，建立电子商务平台，实施线上线下与县内外双轮驱动，拓展产品销售渠道。同时，依托省优品牌，实施品牌战略，加大品牌宣传，提升产品市场的知名度。如南陵县永兴米业有限公司利用自身品牌优势，同时结合电商，把南陵农民种植的小品种米如马坝小粘、小红米等南陵特有的传统农产品，通过互联网销售模式进行推广。2017年5月，该公司通过邮乐购迅速进入电商销售平台，在邮乐购9·19活动中，5天时间接受了2.8万多份订单，其中省外订单2.7万余份。目前，公司正准备建设自己的淘宝商城，购米捐助扶贫款，让皖南独有的各种精品米走进千家万户，同时实现千家万户为扶贫献爱心的目标。

（七）三产融合

整合资源优势，借助电商平台，发挥龙头农企的引领作用，将传统的三大产业理念注入农业自身的循环体系中，通过内循环的深度融合，使农业工业化、市场化，从而不断拉长农业产业链，增强农业经营主体的内生动力，带动传统农业向二三产业的转型和提升，提高经营者的收入和效益，实现脱贫产业持续稳定发展，推进农村三个产业融合发展。

具体成效

（一）贫困村参与明显提升

截至2017年年底，全县8个贫困村中，每个贫困村至少发展了一项特色种养业，已有3273户贫困户从事一项以上特色种养业，占全县贫困户的37.5%。2017年，全县8个贫困村项目总投资约为1187万元，经项目选址、建设方案、图纸设计、工程量计算与招标等工作，工程建设全部完工并经县农委验收，经营主体遴选工作完成，每年给贫困村增收共计约50万元，带动贫困户245户。

◆南陵县许镇镇黄墓村高标准绿叶菜生产基地

（二）脱贫产业蓬勃发展

特色种养业扶贫户发展畜禽养殖10.58万头（只），蔬菜种植近157亩，水产养殖3163亩，茶果药等特色种植71亩，这些都为贫困户增收脱贫提供了有力支撑。

◆南陵县家发镇滨玉村贫困户在大棚种植蔬菜

（三）新主体带动显著增强

全县有852个新型农业经营主体参与带动贫困村、贫困户，有新型农业经营主体带动的贫困村8个、贫困户7791户，分别占具备发展特色种养业条件的贫困村总数与特色种养业扶贫对象总数的100%和89.2%。

◆南陵县籍山镇产业扶贫示范基地

思考启示

（一）产业扶贫的关键是精准

一是产业选择要精准，要以市场为导向，结合各区域资源优势规划布局产业，做到长短结合、以短养长、多产联动。二是产业扶贫对象必须精准瞄准贫困户，措施必须精准落实到贫困户，效益必须精准体现到贫困户。三是资金投放要精准，要加强对各类资金的整合使用，靶向投入，变“大水漫灌”为“精准滴灌”，充分发挥扶贫资金的产业导向作用。

（二）产业扶贫的重点在保障

一是强化组织保障，要在县、乡、村各级层面建立抓产业的专班，明确一班人马，瞄准一个目标，制定一套措施，一以贯之，一张蓝图绘到底。二是强化资金保障，用好省级脱贫攻坚产业扶贫子基金、市级脱贫攻坚定点帮扶基金、财政专项扶贫资金、信贷金融保险扶贫和特惠贷等金融扶贫产品，大力开展招商引资活动，积极引入社会资本，聚集市场闲散资金，汇聚多元扶贫合力，形成强大的脱贫攻坚资金力量。三是强化技术保障，既要充分发挥农技人员的专业优势，深入田间地头，对产业的全程跟踪指导服务，又要提高贫困户自身发展意识和生产技能，大力开展实用技术培训，实现贫困户全员培训，力争人人都是“田秀才”“土专家”。

（三）产业扶贫的途径在龙头带动

要着力培育壮大龙头企业、专业合作社、家庭农场等新型经营主体，大力支持扶贫合作经济组织、龙头企业发展，积极推广“公司+合作社+贫困户”模式，以龙头带基地、基地连贫困户，实现合作组织对贫困户的全覆盖。

（四）产业扶贫的前提是贫困户参与

产业扶贫的出发点和落脚点是贫困户增收脱贫，只有贫困户全员参与，这一目标才有望实现。要千方百计建立健全产业精准扶贫利益联结机制，帮助贫困户稳定获得订单生产收益、劳动务工收益、反租倒包收益、政策扶持收益、资产扶贫收益、入股分红收益，使贫困户增收由被动变为主动，实现“输血”变“造血”。

（五）产业扶贫的特点是需求多样化

1. 立足自身，发挥独特优势

在我县发展特色种养业，必须综合分析全县的地理区位、自然资源、发展水平和技术条件，以及贫困人口的思想观念、劳动能力、致富愿望等主观因素，以县委县政府提出的“产业强、结构优、环境美、百姓富”为指引，挖掘优势和特色，推进农业供给侧结构性改革，善于从平凡中发现特别、从劣势中找到优势，变不利为有利。重点发展茶产业、蔬菜产业、有机稻米、特色养殖、水果、中药材和休闲农业等效益好、见效快、能带动贫困户脱贫致富的优势特色产业，突出重点，精准帮扶。以“三品一标”认证和管理为抓手，集成推广高产高效、资源节约、绿色环保的生态农业化发展模式，带动贫困户推动标准化生产，在做优、做精、做特色上下功夫。同时，支持有条件的贫困村全部成为“一村一品”的特色专业村，实现村集体经营性收入超7.5万元。

2.持之以恒，构筑支柱产业

要克服换一个领导换一个思路、主导产业摇摆不定的现象，科学选定特色产业后，必须咬定青山不放松，保持产业发展的连续性。对于规划不到位、目标不实际、产业不精准、措施不得力确实需要调整的，应慎重研究、严格程序、及时变更，保证可行和实效。加大整合力度，统筹使用资金，重点支持该产业发展，确保特色种养扶贫产业规划内容落地。推广运用集聚集约、绿色生态生产模式，发挥龙头企业带动作用，培植特色种养产业集群式发展，通过种养业“接二连三”等多种方式，创新集群发展形态，成为支柱产业、优势产业。鼓励多种形式合作和联合，提高产业发展集聚度、资源利用的集约度和贫困户的参与度，以降低投资风险、技术风险和市场风险。

3.合作共赢，完善利益联结

一是推进“三变”（资源变资产、资金变股金、农民变股民）等农村集体产权制度改革。探索将村集体“三资”以及财政资金投入形成的资产，折股量化组建村集体股份经济合作社。将贫困户的承包土地、林地、山场、水面等资源以及政府支持贫困户的产业扶贫资金、扶贫贷款等财政金融资金入股集体经济，或者投资新型农业经营主体，参与特色种养业发展，采取“村集体（新型经营主体）+贫困户+保底分红”模式，使贫困户一方面能获取资源资金投资保底分红收入，另一方面可以优先得到就业机会，获取劳动报酬收入。同时，在村集体股份以及合作社中可以通过设立“公益股”“扶贫股”等形式保障贫困户收益和获得共享发展的机会。二是大力培育新型经营主体，增强带动能力。鼓励贫困村“两委”成员、农村能人、技术干部牵头，以贫困户为主要成员创办合作社、家庭农场等从事种养业经营；积极引进外村、外地的合作社、大户、经纪人、社会化服务组织，或者引进龙头企业、产业化联合体与贫困村的合作社、贫困户进行合作，建立特色种养业基地，帮助农民走上合作脱贫致富道路。在给予各类新型经营主体项目资金支持时，要把带动贫困户作为一个重要的条件，争取每个农业项目所支持的新型农业经营主体都能带动若干贫困户实现脱贫，使贫困户分享产业发展红利。三是完善利益联结机制，引导不同经营主体分层发展、分类发展和互惠共赢、风险共担。发挥新型农业经营主体的带动作用，关键是要构建起利益联结机制，并通过签订合同、协议加以保障。根据县内外农业产业化实践，应构建如下几种类型的利益联结机制：（1）股份合作型，即贫困户以土地、劳动力等要素入股龙头企业，参与、监督企业的经营管理，或龙头企业以资金、技术、良种等要素入股合作社，采取按股分红和二次利润返还等方式，让贫困户分享到加工和流通环节的利润。（2）订单合同型，即贫困户、合作社与龙头企业订立购销合同，贫困户、合作社根据合同组织生产，龙头企业按合同要求收购农产品。（3）服务协作型，即龙头企业利用资产作为担保贷款，通过合作社或直接发放给贫困户，用于扩大种养规模，且龙头企业提供统一的农资、技术、管理等服务。（4）流转聘用型，即贫困户将土地流转给龙头企业，每年获得稳定的土地流转费，并在龙头企业从事种养业生产劳动，并赚取相应的劳动报酬。

4.强化保障，加强政策支持

一是加大财政项目倾斜支持。省市级的项目资金优先对贫困村倾斜支持。县级安排项目资金更要向有扶贫任务的村、贫困人口和带动主体倾斜。各级财政项目采取竞争立项，同等条件下要优先安排给贫困村、贫困人口和带动主体，彻底改变“扶农不扶贫，产业不带贫”现象。二是加强金融支持。建立并落实税收优惠、贴息支持、财政奖补及过桥资金、融资担保、风险补偿等机制，引导信贷资金投向扶贫产业，全面落实为评级授信贫困户提供5万元以内、3年以上免抵押、免担保扶贫小额贷款支持。三是加强保险支持。开展特色种养业产品保险，可给予一定保费补贴。四是加强土地流转扶持。鼓励贫困户依法采取转包、出租、互换、转让及入股等方式流转承包地扩大经营规模。在贫困户自愿的基础上，鼓励流入方优先流转贫困户土地。对流转其他农户土地的贫困户和对流转贫困户土地的农民合作社、家庭农场、种养大户等符合补助标准的，在享受流转一般农户土地补助的同时，酌情额外再增加一定补助。五是加强技术、人才支持。加大适应贫困村特色种养业新品种、新技术研发，创新生产加工技术和方式，鼓励科技示范户帮扶贫困户，为贫困户提供种养技术支持，推广运用种植、养殖、加工新技术。支持新型农业经营体系发展电子商务，强化其市场带动作用，为贫困户提供销售服务。组织开展特色种养业技术培训工作，县农业部门针对贫困户、新型农业经营主体、帮扶干部的不同需求，分类开展多种形式的培训，将贫困村列入重点培训范围，并建立职业农民结对帮扶机制，带动贫困户脱贫致富。六是强化部门服务。大力推进农业部门“一改进、四加强”，即：改进服务方式，着力打通政策、技术落实的“最后一公里”；加强主体培育，加快培育专业大户、家庭农场、农民合作社、农业产业化龙头企业和农业社会化服务组织；加强金融创新，着力解决新型农业经营主体融资难、融资贵、风险高等问题；加强市场建设，加快建设有形和无形相结合、产地和销地相匹配、国际和国内相促进的农产品市场体系；加强技术支撑，努力提高科技对现代农业的支撑作用。

（撰稿人：穆亲林　章颖　张航航）

案例点评

党的十九大报告指出，从现在到二〇二〇年，是全面建成小康社会的决胜期。在这个时期，要坚决打好精准脱贫攻坚战。习近平总书记强调，“发展产业是实现脱贫的根本之策。要因地制宜，把培育产业作为脱贫攻坚的根本出路。”

授人以鱼不如授人以渔，因地制宜地进行产业脱贫，是真正的“造血式”脱贫，是由“输血”向“造血”的转变，是产业脱贫的真正用意所在。南陵县在新时代背景下，在政策和技术的支持下，通过合理布局脱贫产业和脱贫项目，推动特色产业规模化发展，最终达到了贫困户增收和脱贫的目的。南陵县的产业脱贫实践，给我们提供了以下三点经验。

第一，产业扶贫要立足自身，对象精准。南陵县在区位上依靠全县的地理区位、自然资源和技术条件，在对象上着重考虑贫困户的劳动能力和思想观念，重点发展茶产业、蔬菜产业等优势特色产业，实现贫困户增收和脱贫。

第二，产业扶贫要着重政策支持和科技帮扶。政府在产业扶贫过程中扮演着重要角色，要找到适合本地的产业优势，并对产业的发展加大财政、金融和土地等方面的支持。南陵县政府为此出台许多相关的规定，为产业扶贫大开方便之门；推广产业使用技术和贫困户技能培训，为取得扶贫成效提供重要支撑。

第三，产业扶贫需要产销结合。产业的选择要立足于市场，才能不断开拓市场。所以，产销结合才能真正实现脱贫。南陵县依托“互联网+”特色农业发展机遇和省内品牌优势，结合电商，迅速打开产品销路，真正实现贫困户增收，让他们向全面建成小康社会迈出了坚实的一步。

（点评人：张璇）

让群众的获得感不再“藕”然

——无为县刘渡镇农林村发展莲藕种植脱贫实践

案例背景

安徽省无为县是芜湖市脱贫攻坚的主战场，是一个有120万人口的农业大县，截至2017年年底，全县尚有7783户18014人未脱贫。刘渡镇农林村位于无为县西南方向50公里处，全村共856户3335人，2017年全村建档立卡贫困户122户239人；全村耕地面积4500亩，其中2100亩种植莲藕。偏僻的地理位置，落后的农村基础设施，是该村成为贫困村的主要原因。

莲藕种植在刘渡镇有着悠久的历史。从20世纪70年代起，刘渡镇就有人专门从事挖藕工作，他们流走于各大莲藕出产地，被称为“淤泥淘金者”。后来，他们自己开始种植莲藕，积累资金后再承包水面，形成了种、挖、销一条龙的莲藕产业链。据统计，刘渡镇在外地从事与莲藕有关产业的人员约4000人，承包水面面积种植莲藕近40万亩。

莲藕种植也是农林村的特色产业、支柱产业，但粗放的传统种植业均有着受市场影响大、抵御风险差的特点，莲藕种植也不例外。如，该村的毛海仙、毛永林、李同春、侯云龙等户，2015年种植了2—8亩莲藕，每斤莲藕种植成本为0.8元，因为莲藕市场供求关系的影响，每斤最高只能卖0.7元，这就出现了多卖多亏、少卖少亏的现象，最终，很多人选择将莲藕烂在田里。如何通过特色产业助推脱贫带动致富，始终没有得到很好的解决。

主要做法

近年来，农林村在脱贫攻坚上，一步一个脚印，取得了较好的成绩。2017年脱贫32户59人，贫困发生率控制在1.02%以下；2018年按照计划，16户贫困户共34人将全部脱贫。

（一）成立莲藕产业合作社，抱团发展求最大公约数

农林村过去很贫穷，贫穷的原因很多，无骨干产业促民增收是最重要的一个原因。传统的农产品以水稻、小麦和莲藕等传统产业为主，产量有限，仅用于自产自销。2015年8月，该村在县市场监管部门登记成立村里第一家莲藕合作社——无为县农林村莲藕种植专业合作社。于是，刘渡镇将农林村确定为莲藕“一村一品”村，发展莲藕种植加工业。从那开始，这小小的藕社就开始推动着整个农林村的经济发展。

藕社成立之后，全村莲藕种植面积扩大到2100亩，莲藕逐渐成为农林村的优势和支柱产业。驻村扶贫工作队和村“两委”多次集体研究莲藕合作社的未来发展之路，聘请农业专家制定合作社产业发展规划，精准定位发展方向。2017年，为壮大产业规模和试点藕田套养龙虾项目，合作社借助政府金融扶贫小额贷款政策，与李同方等10户贫困户签订协议，以“分贷统还”形式吸纳50万元资金，为每户贫困户年分红3000元，同时成功改造核心区藕田，建立了藕田套养龙虾示范基地200亩。

藕社产业内外融合，不仅带动村里和周边贫困户一同走上了发展道路，还助其树立起自我发展理念，让他们真正享受到了政府扶贫的好政策。

（二）发展莲藕种植加工业，延链补链求产品附加值

2015年，农林村在发展莲藕种植给贫困户增收的同时，开始受到产业发展而带来的产品开发深度不够的制约，因为藕产品销售主要以藕段销售

为主，早熟品种、专用品种、优质特色产品不多，且莲藕是不耐储藏的产品，受市场行情影响大，短时间内市场上莲藕的供应量骤增，销售价格就会大幅度低于去年同期，莲藕价格较同期价格下降20%—30%。对此，2017年4月28日，由市委组织部委派到村担任扶贫队长的陶定富同志细心算了一笔账：每100斤莲藕可产8—10斤藕粉，如果每斤藕粉卖20元，那么相当于每斤莲藕可卖1.6—2元，又因为每斤莲藕种植成本为0.8元，所以每斤莲藕就有0.8—1.2元纯利润。如果每亩能产莲藕4000斤，那么每亩纯收入就能达4000元左右。算准了这是一笔划算的买卖，扶贫队和村“两委”班子就四处开始动员村民制作藕粉。

合作社继续依靠传统产业，给贫困群众带来新的收入：

一是产业牵动，通过提供优质藕种、技术服务、产品代销的方式帮助贫困户增收。两年来，合作社首先为毛海仙等9户19人提供优质藕种、技术指导和销售等服务，帮助他们开展莲藕种植，增加收入；其次，融合多种开发模式，利用“以奖代补”等政策资金，帮扶莲藕种植有困难的群众，积极给予技术支持，并整合各项资金用于产业周边水利、道路等基础设施建设；最后，开辟莲藕种植示范区，变分散经营为规模化经营，增加了抗市场风险的能力，解决了个体农户在市场上商品价格低、销售困难的问题。现在全村年产莲藕达300万公斤，年销售额500万元以上，亩产均值5000余元。

二是产业带动，通过土地托管分红、就业用工和“分贷统还”等多种方式，帮助群众致富。第一，贫困户李江涛在合作社带动下种莲藕9亩，2016年实现纯收入9000元；第二，通过扩大规模，合作社与10户贫困户签订了土地托管分红协议，托管土地面积共25.2亩，且这10户贫困户每亩年分红500—700元；第三，与贫困户签订用工协议，人均年用工15天以上，每天工资100元，人均收入1500元以上，真正让贫困户自食其力、脱贫更稳定持久；第四，通过资金“分贷统还”，帮扶贫困户以小额信贷50万元入股合作社，户均年分红收入3000元，可以持续带动3年。

（三）开拓产品销售市场，多产多销求稳定脱贫

1.做卖藕的队长

扶贫队长陶定富同志，紧紧抓住农林村莲藕种植传统产业优势，与村“两委”一起想方设法，多措并举，推动莲藕产业发展，增加群众收入。藕粉产出后，他还带头积极寻找藕粉销售的路子。

第一个销售路子——利用微信、微博发布推销信息。2017年12月的一天，他看到贫困户家中积压了2000多斤藕粉，立即在他的微信脱贫攻坚群和微信朋友圈发布信息，推荐销售农林村的藕粉。信息发布后，他的亲朋好友在群里纷纷行动起来了，争取点赞、转发和购买。

第二个销售路子——回芜湖发动亲友帮忙代销。2017年12月12日—14日，他利用三天调休时间，回芜湖市里向亲友同事推销藕粉。后来，好多亲友多次绕道农林村，将580斤藕粉带回芜湖县湾沚镇代销，将1100斤藕粉运到芜湖市区代销。就是这样，凭借农林村藕粉过硬的品质，再加上多个销售路子，三个星期就帮贫困户卖掉了2700余斤藕粉，直接给贫困户带来近30000元的收入。

第三个销售路子——依靠帮扶单位和扶贫部门。藕粉的销售得到了市教育局和扶贫部门领导的肯定和重视，大家都通过自己购买或亲友代销帮助农林村销售藕粉。市扶贫办靳大鸣主任得知贫困户有滞销藕粉时，第一时间联系并安排市广电中心幸福路扶贫产品开发组同志来农林村实地考察，帮助农林村销售藕粉。市扶贫办李合满副主任帮助农林村销售藕粉40斤，刘渡镇钱玉满书记和村包村干部、镇专职扶贫副书记方俊平同志帮助农林村销售藕粉200斤。目前，这些同志都成了农林村藕粉的“代言人”，一提到农林村藕粉，大家都称赞有加。

◆群众给陶定富送锦旗

2.重质量、求精品，打造有品牌可免检的好产品

2017年11月，市农委组织部分贫困村参加2018年2月在市会展中心举办的农产品展销会。陶定富得知这一消息后，第一时间申请要在扶贫专区设立一个销售贫困户藕粉的专柜。

展销会上他站柜四天，替贫困户销售1150斤藕粉，直接为贫困户增收2.3万元。市委潘朝晖书记、张志宏副市长等领导都到该专柜了解了藕粉的销售情况，并现场安排市有关部门要帮助农林村销售滞销的藕粉。期间，《今日芜湖》栏目的记者在展销会现场就农林藕粉做了详细报道。承借展销会这个平台，我们宣传了农林村藕粉，打造了农林村藕粉品牌，现在芜湖很多市民都已成为农林村藕粉的老主顾。2017年年底，农林藕粉正式申请注册商标，今年争取市县有关部门对农林藕粉的品质通过质量认证。

◆2018年2月4日，芜湖市委书记潘朝晖来到农林村扶贫展台，了解藕粉销售情况

3.讲宣传、重报道、积极发动新媒体力量

农林村的藕粉卖出来了，除了陶定富队长的辛苦付出和上级帮扶单位的积极支持之外，新闻媒体的宣传也发挥了很大作用。2015年9月，中央电视台《舌尖上的中国》栏目对刘渡镇从事莲藕产业的人员进行了专题报道——无为挖藕人，这让农林生态特色农业家喻户晓。芜湖新闻频道也多次到农林村，实地报道农林村藕粉的水土环境、生产过程和销售情况等，给全市消费者带来了直观报道。

记者同志们走进贫困户家中，采访他们种藕、挖藕、制作藕粉的情况。2017年12月12日晚8点，芜湖市新闻频道《第一看点》头条报道了农林村贫困户家中藕粉生产制作以及藕粉积压情况，号召全市市民奉献爱心，购买农林村藕粉。该报道中公布了陶定富队长的手机号，一时间电话不断，微信、短信像雪花一样飞来，市民纷纷联系购买藕粉，顿时掀起了农林村藕粉销售的小高潮。

具体成效

现如今，藕社在农林村深入人心，贫困户通过藕社，借助政府信贷帮扶、土地流转、劳务输出、农产品加工等不同途径带来了稳定可观的收入。

在此举两例说明：一个是生产藕粉的毛海仙，他言语残疾，唯一的儿子十二年前车祸去世，儿媳离家出走。老夫妻带着孙子、孙女过日子，非常困难。村里的合作社帮他把家里两亩地的莲藕全部制成了藕粉，卖掉后收入9000元。村集体又动员毛永桃、毛在志等三个种藕大户，把家中卖剩下的叉藕、小藕等次品藕全部免费送给了毛海仙家，并产出藕粉400余斤，增收8000多元。

另一个是会挖藕的毛士芳，他的妻子和儿子精神残疾，儿子常年在芜湖市第四人民医院住院治疗。为照顾妻子和儿子，他没有太多的时间种藕，但是他很会挖藕。为了发挥毛士芳的强项，陶定富队长动员他与亲戚合伙生产藕粉，他负责挖藕，合作社负责帮助他们卖藕粉。另外，合作社还把毛士芳介绍给村里其他的种藕大户。这样不到两个月，毛士芳仅依靠挖藕就挣到了12000元，藕粉的大卖也给他们带来了实实在在的收入。

2017年农林藕粉生产给贫困户带来的收入统计

序号	收入类型	带动户（户）	平均收入（元/年/户）
1	就业	12	8000
2	生产销售	9	12000
3	加工	2	6000
4	信贷	10	3000
5	转卖	3	3000
6	土地流转	10	600

那段时间，农林人制作藕粉干劲十足。特别是在天气晴好时，大家不分白天黑夜，加班加点、互帮互助，群众对于美好生活的向往真真切切地写在了脸上。

思考启示

脱贫攻坚是一场跨时长、强度大的战役，为打赢这场攻坚战，我们通过此案得到一些启示。

（一）要人：扶贫干部要精准

让贫困人口和贫困地区同全国一道进入全面小康社会是我们党的庄严承诺，当前各地都将扶贫攻坚工作作为头等大事。作为基层工作的“领头雁”，扶贫队长的人选尤其需要组织部门多加甄别和挑选，要依据扶贫工作实际，有针对性地选派帮扶干部，这是对症下药、靶向治疗、精准扶贫的重要措施。我们要清醒地看到，脱贫攻坚越往后难度越大，这就需要扶贫干部具备很强的能力和素质，正如十九大报告中所言，要“懂农业、爱农村、爱农民”。只有扶贫干部做到事事以民为先，懂农业、爱农村，我们才能打赢这场攻坚战。

此外，扶贫干部是组织带领贫困群众脱贫致富的引路人，他们要善于分析村里的实际情况，深入分析贫困群众的致贫原因，摸清“家底”，找准“穷根”，帮助他们勇于变革、勇于创新。同时，根据贫困农户的现状、致富意愿、致富能力等个体差异，制订不同的致富路子和方案，既要会勤勤恳恳“低头拉车”，也要会察言观色“抬头看路”。

（二）要产业：立足本地要特色

在扶贫工作中，我们不能一味地去模仿别人，因为别人的路不一定适合我们。我们要立足本地实际，结合本地群众的特点，利用传统的产业优势，想办法、出主意，着力突出地域特色。扶贫干部要积极发挥本地得天独厚的自然资源，充分利用各地不同的地理、历史等方面的独有特征，正所谓“靠山吃山，靠水吃水”。我们要善于抓好各地各有千秋、风格迥异的地域特点，带领本地群众用心寻找品牌、打造品牌，扎实苦干、脱贫致富。

（三）要合力：整合资源要力量

脱贫攻坚是一场新时期的战役，越是到攻坚拔寨的冲刺期，脱贫攻坚越不能单打独斗，越要形成众志成城、齐抓共管的局面。我们要善于发动社会的一切力量，为我们所用。当前帮助一小部分贫困户摆脱了贫困，获得了社会的广泛认同，这是我们党的承诺和责任。扶贫干部要善于整合社会资源，发动社会力量。我们要坚持动员社会参与，发挥社会主义制度优势，构建政府、社会、市场协同推进的大扶贫格局。

（四）要收入：帮助贫困户要效益

扶贫干部主要职责是帮助贫困户脱贫，无论是成立合作社还是共建共生的模式，我们都要想方设法切实提高贫困户的收入，从“两不愁”“三保障”“351”“180”和大户合作中，我们各项政策都在向贫困群众倾斜，并在此基础上，提高全体群众的收益。总之，要坚持普惠政策和特惠政策相结合、开发式扶贫制度和社会保障制度相衔接，在普惠政策的基础上，对贫困人口格外关注、格外关爱、格外关心，对贫困户坚持做到“应扶尽扶、应保尽保”。

“民惟邦本，本固邦宁。”“人民对美好生活的向往，就是我们的奋斗目标。”党始终把群众的衣食冷暖记挂在心头。十九大报告中，指出：“坚持在发展中保障和改善民生，深入开展脱贫攻坚工作，保证全体人民在共建共享发展中有更多获得感，不断促进人的全面发展、全体人民共同富裕。”

陶定富直言，当前农林村取得的成就还微不足道，还有很多工作要做，他的任期也才刚刚开始。他相信，只要全村同心齐力，继续埋头苦干，利用好本地资源和帮扶资源两个优势，农林村的明天一定会更加美好。

（撰稿人：吴向龙）

案例点评

党的十九大报告指出，让贫困人口和贫困地区同全国一道进入全面小康社会是我们党的庄严承诺。为了打赢脱贫攻坚战，必须精准扶贫、精准脱贫，因地制宜、实事求是，不能大而化之。

文章以无为县刘渡镇农林村发展莲藕种植脱贫实践为例，从农林村所具有的优势和劣势入手，因地制宜，深入探讨其如何通过成立莲藕产业合作社、发展莲藕种植加工业、开拓产品销售市场这三个方面实现精准扶贫、精准脱贫。无为县刘渡镇农林村的脱贫实践，给我们的脱贫事业带来了重要启示。

首先，扶贫干部要精准。扶贫干部是组织带领贫困群众脱贫致富的引路人，必须要真正地懂农业、爱农村，具备很强的工作能力。农林村的脱贫队长陶定富，在紧抓农林莲藕的产业优势时想方设法推动莲藕产业发展，积极寻找莲藕销售出路，带领群众脱贫致富。

其次，立足本地要特色。脱贫工作必须因地制宜，每个贫困地区都有其不同的地理特征，我们要善于“靠山吃山，靠水吃水”，着力凸显地方特色。无为县刘渡镇农林村的莲藕种植具有悠久的历史，实行莲藕种植脱贫具有区位优势，更有利于脱贫工作展开。

再次，整合资源要力量。扶贫开发工作已进入啃硬骨头、攻坚拔寨的冲刺期。在这个关键时期，我们要发动能发动的一切社会力量，为脱贫事业添砖加瓦。农林村的莲藕销售离不开社会资源的力量，整个社会共同推进脱贫事业的开展。

最后，帮助贫困户要效益。在脱贫的过程中，在普惠政策的基础上，对贫困户格外关爱，通过各种形式的帮助提高他们的经济效益。农林村脱贫过程中，针对贫困户，根据其家庭的实际情况和经济能力，我们要因户而异地提供帮助，实现共同脱贫致富。

文章立足于实践，从实际案例的角度论述了如何因地制宜地精准扶贫、精准脱贫，立意明确，论述逻辑清晰，结构严谨，内容材料翔实，对于当前的脱贫攻坚具有良好的启示。

（点评人：张璇）

党组织引领　合作社带动

——南陵县家发镇滨玉村抓党建促扶贫纪实

案例背景

滨玉村位于南陵县家发镇东南部，隔后港河与南陵县城相望，县太白大道穿境而过。全村总面积12平方千米，耕地面积4200亩，可养水面2000亩；辖56个村民小组，1413户4110人。村党总支下设3个支部（含瑞强公司党支部），5个党小组，113名中共党员。村“两委”现有工作人员9名，其中在编干部4名，镇聘计生专干1名，后备干部3名，省委第七批选派干部1名。

2014年该村建档立卡贫困户113户226人，动态调整后有110户239人。其中：因残致贫44户，占40%；因病致贫36户，占32.8%；因缺少劳动力致贫22户，占20%；因自身发展动力不足致贫4户，占3.6%；因缺发展资金致贫4户，占3.6%。2014—2017年已脱贫105户222人，其中：2014年脱贫11户35人，2015年脱贫57户104人，2016年脱贫32户73人，2017年脱贫5户10人。贫困户新增4户13人和返贫1户4人，计划通过帮扶2018年全部脱贫。

滨玉村是全县八个贫困村之一，如何因地制宜、拓宽渠道，促进村集体经济发展，不断提高农民收入，实现“村出列、户脱贫”的目标，成为村党总支亟须考虑和解决的现实问题。

主要做法

（一）通过“合作社+贫困户”的就业扶贫模式，带动贫困户实现居家灵活就业

滨玉村紧邻南陵县城，种植蔬菜已有多年，但多年来种植方式是东一片西一片，分散零落，形不成规模，且生产技术落后，经济效益低下。要想把全村经济搞上去，就要树立商业理念、熟悉市场规律。村党总支、村“两委”首先要把搞好全村的蔬菜生产当作重头戏来抓，利用多种形式鼓励引导群众想方设法挣钱，啥来钱种啥，啥值钱种啥，鼓励他们改变落后观念和守旧思想，敢于创新，勇于实践。在村干部的宣传发动下，部分种植大户和种植能手跃跃欲试，想尝试种植大棚蔬菜，但苦于无种植大棚蔬菜的经验，部分人打了退堂鼓。对此，驻村扶贫工作队多次到县农委和县农技推广中心取经，带领部分种植大户和种植能手先后到外地学习大棚蔬菜种植方法。蔬菜种植方法学会了，但建蔬菜大棚需较大的资金，有的村民手里的积蓄不够，于是驻村工作队又与帮扶单位和“双联系”单位进行沟通，经过多次协调，最终从芜湖市农委争取到20万元的“一村一品”发展项目专项资金。为了让带头“吃螃蟹”的村民少走弯路，驻村工作队在寻求县农委、县农技推广中心的技术和政策方面的指导和支持的同时，还对全村种植、养殖业的现状和销路等进行了摸底调查，并与种植、养殖业大户就本村发展优势、未来发展前景等进行了沟通交流。通过前期沟通协调和走访调研，并结合滨玉村的区位优势和蔬菜种植户较多的现状，最终村“两委”商量决定依托现有的大山农民专业合作社，建立一个蔬菜基地，由有意愿的种植大户和种植能手先行试点，逐步推广培育本村蔬菜种植优势产业，壮大和发展村级经济，辐射和带动贫困户增效增收。

经过两年多时间的发展，目前蔬菜基地已建成65座大棚，占地面积100亩。“合作社+贫困户”的就业扶贫模式，带动滨玉村12户贫困户实现

了居家灵活就业，成为南陵县县级就业扶贫基地，每户每年增收6000—15000元，引导贫困户参与蔬菜基地建设，使蔬菜基地形成带动面广、效益明显、增收稳定的特色产业。目前，有3户贫困户在基地承租大棚种植蔬菜，每户每年增收3万多元；有13户贫困户的土地入股合作社，每户每年平均有500—1000元的固定收益分红。通过“社会捐赠+合作社+贫困户”的结对帮扶模式，将市企业联合会定向捐赠给“三无”贫困户的6座大棚，统一交由合作社经营，按固定收益分红给贫困户。同时，基地每年能增加5.5万元村集体经济收入。

（二）大棚蔬菜种植基地与合作社相结合

滨玉村村民郭兰英，今年已48岁，她家曾经依靠自己种几亩地、丈夫跑长途运输，每月可获两三千元收入，用来维持全家四口人的生计。十年前，丈夫在外出途中遭遇车祸罹难，家里的顶梁柱突然坍塌，郭兰英既要照顾当时正在上初高中的两个女儿，又要照料自己年迈的父母，生活十分艰难。性格坚强的她，依靠政府给予的农村居民最低生活保障和自己外出打零工，省吃俭用相继将两个女儿抚养成人，并送入高校深造。村“两委”和驻村工作队充分考虑了郭兰英户的致贫原因，便为其量身制订了一整套帮扶措施：2013年，村“两委”为其继续申请了农村居民最低生活保障，解决了她们吃的问题；2014年，通过精准识别和规定程序，将郭兰英户纳入贫困户范畴，实行帮扶责任人定点帮扶；2016年，帮助她向县财政申请了2万元危房改造资金，帮助其改建了三间新房，解决了她们住的问题；同时，我们同滨玉村大山农民专业合作社协商，让合作社与郭兰英结对帮扶种植大棚蔬菜，并为其申请了3万元的自种自养小额贷款，解决了她们的发展资金问题。我们先在村委会所属的65个大棚中，拿出2个大棚（面积2亩），按低于市场价格的标准出租给郭兰英，由其自主选择种植蔬菜种类，然后大山合作社免费提供良种、病虫害防治、培育灌溉等全面技术支持。

“租下这2个大棚，除了每年交纳3400元租金，根本不需要花本钱的，因为棚膜、钢架、设备、苗种都由合作社提供，我只管施肥、浇水、除虫就行，剩下的卖菜钱全是我自己的！今年已经卖了两茬菜了，毛收入10000多元！年内还可以种两三茬青菜、汉菜、马铃薯，还可收入10000多元！感谢党和政府！感谢大山合作社，让我们贫困户的生活有了奔头！”郭兰英笑呵呵地介绍说：“家里10多亩地，通过土地入股每年还有5000多元收入，加上特色种养业补助1200元，一年收入可以达到3万多元。”

现在的郭兰英，和几年前相比好似换了一个人，脸上总是洋溢着灿烂的笑容：大女儿已出嫁，一家人在合肥生活和工作；小女儿王露露2017年大学毕业，先由驻村工作队协调安排在县图书馆实习工作。今年初县农商行招考，王露露以笔试第八名、面试第二名的好成绩被农商行录取。她逢人便夸，是党的政策好，让她这样一个曾经普通而贫困的农村人的人生发生了翻天覆地的变化，是政府和扶贫工作队的支持、关怀和温暖，让她知道了什么是幸福人生。

“我现在的日子好起来了，我不能再吃政府的低保了，从现在起我要依靠自己的劳动和努力过上好日子，我现在就申请退出低保！”郭兰英对驻村工作队队长说。

◆大山合作社的蔬菜大棚

滨玉村滨堪村民组程小琴，今年44岁，丈夫刘云虎身患糖尿病、高血压等多种疾病，经常住院治疗，女儿刘鑫宇正在读小学五年级。政府最低生活保障和3亩水田是她家的主要收入和来源，生活极其困难。2016年年初，驻村扶贫工作队在走访贫困户过程中了解到她家的情况，立即与村大棚蔬菜种植基地（大山合作社）负责人联系，安排她到基地工作。程小琴高兴地说：“在家门口上班就是方便，挣钱、照顾家庭两不耽误，要不像我们这样的家庭哪能出去打工啊，现在每月能挣到2000多元钱，这种好事以前想都不敢想!”

◆程小琴在自家蔬菜大棚收菜

2017年，程小琴见郭兰英等户在基地租大棚自种自销能增加收入，便主动找到驻村工作队要求租种大棚蔬菜，村“两委”和驻村工作队当即协调，为她安排了2个大棚，并联系相关银行帮她申请了农户自种自养小额贷款4万元。程小琴又在滨玉小区租用了一间门店销售自产蔬菜，生意红红火火。截至2017年年底，程小琴户总共在村大棚蔬菜种植基地租用了4个大棚，年销售各种蔬菜10多万元，仅此一项年收入就达3万多元。

思考启示

（一）因地制宜加快脱贫速度，帮助贫困群体恢复自身“造血”功能

促进贫困村集体经济不断壮大，是当前脱贫攻坚工作必须思考和解决的重点问题。目前，滨玉村在一系列扶贫攻坚措施的落实下，走出了一条独特而有效的路子，使村集体经济收入从2014年的3万元增加到2017年的

23.5万元，使全村105户222人贫困人口顺利脱贫。

（二）发挥“党组织引领+合作社带动”的作用

滨玉村党总支、村“两委”将在驻村扶贫工作队的大力帮扶下，继续发挥“党组织引领+合作社带动”的作用，将村蔬菜种植基地打造成为效益明显、带动面广的特色产业基地、就业扶贫基地、农业观光基地，继续帮助和引导更多贫困群众及早走上脱贫致富之路。

（撰稿人：穆亲林　纪莹　马晓明）

案例点评

在全国人民迈向全面建成小康社会的伟大征程中，我们不能落下一个贫困家庭、丢下一个贫困群众。面对精准脱贫的攻坚战，南陵县家发镇滨玉村用他们的实际行动为我们提供了抓党建促扶贫的成功案例。

在滨玉村的脱贫工作中，村党总支、村“两委”起到了领路人的作用。他们立足本地实际，找到利用蔬菜种植来摆脱贫困的发展道路。在各项条件不完全具备的情况下，该村党组织尽心尽力，想贫困户之所想，急贫困户之所急，筹资金、找技术、广动员，以农业合作社为抓手，开拓出帮扶贫困户真脱贫的新天地。而在脱贫工作的具体实施过程中，大山农民专业合作社既能面向市场因地制宜地组织生产和经营，又能根据扶贫政策对贫困户进行精准帮扶，为多方合力脱贫搭建起了广阔的平台。在党组织的引领、合作社的带动下，该村的贫困户努力生产、积极发展，以一种昂扬上进的姿态告别了等、靠、要的“输血式”扶贫模式。

在滨玉村的脱贫攻坚战中，我们欣喜地看到党组织、合作社、贫困户各负其责、各尽其力，在分工配合中实现了不离土、不离乡的脱贫目标。滨玉村的这一做法不仅为今后农村的脱贫工作提供了经验，也为进一步实施乡村振兴战略提供了有益的思路。

（点评人：司琳）

发展集体合作社　书写脱贫新答卷

——无为县蜀山镇关河村发展合作经济扶贫探索

关河村是建档立卡贫困村，种植业主要以传统的自给自足方式为主。近年在选派帮扶、脱贫攻坚工作中，我们发挥集体合作社在产业扶贫中的助力作用，建立稳定的联结机制，2016年全村脱贫76户，顺利实现了村出列。

案例背景

关河村地处芜湖市无为县蜀山镇，位于无为、巢湖、庐江三县交界处，南有天井山公园，西南有泊山洞景区，北有巢湖，东有西九华等旅游胜地，历史源远流长。孝子毛义就是关河人，在《辞源》中也有这样的注释："毛义，生于东汉建武年间，庐江郡关河城人，以孝行称。府檄以义为安阳县令。后母死去官，屡征不出。"注释中的关河城就是现在的关河村。

为拔掉"穷根"，驻村扶贫工作队入村后，与村"两委"通过走访和调研，立足该村自然资源优势，把发展村集体合作社作为打赢脱贫攻坚战的主抓手。具体来说，关河村脱贫攻坚中既有农产品质优、产量大的相对优势，也有市场小、价格低、收益差的劣势，同时当地群众还存在着严重的"等、靠、要"思想问题。

（一）关河村农产品质优、产量大，但价格低、收益差

关河村全村耕地面积水田3225亩，山场面积1838亩。种植业主要是水稻，还有茶叶、山芋粉丝、山芋粉等其他农产品。目前，年产山芋粉约5万斤、山芋粉丝约5000斤、茶叶约2万斤、大米约24万斤。养殖业主要以家禽养殖为主，每年养殖鸡、鸭、鹅约2.5万只，禽蛋约10万枚，黑猪约50头。这些农产品质量优良，特别是山芋粉、山芋粉丝和茶叶在方圆几十里都小有名气。但由于诸多因素造成这些农产品收益并不高，比如：种植技术不好，造成农产品整体档次不高；品牌意识缺乏，使得农产品的附加值较低；销售意识淡薄，完全依靠传统的销售方式，不会利用“互联网+”等有效手段，致使产品销售量不大。

◆无为县关河村妇女创业培训示范茶叶基地

（二）当地群众“等、靠、要”思想严重，脱贫致富主动性差

关河村2016年实现村出列，但仍有11户32人没有脱贫，目前帮扶脱贫进入攻坚阶段，主攻方向是克服贫困群众脱贫的能动性不足问题，发挥

贫困群众的主动性。面对群众的“等、靠、要”思想，扶贫干部要贴近贫困群众，走进他们的内心，把脉问诊、对症下药，做到不嫌弃、不放弃，争取让贫困户早日脱离贫困；还要深刻地认识到，贫困群众既是脱贫攻坚的对象，也是脱贫致富的主体，应始终坚持以人民为中心的发展思想。因此，脱贫攻坚必须确立农民的主体性地位，一切为了农民、由农民做主、使农民获益，让其有实实在在的获得感和幸福感。

（三）党的十九大报告首次提出乡村振兴战略

乡村振兴战略是党在新时代提出的新战略，是未来农村工作的前进方向。乡村振兴战略的目标就是：“着力推动质量兴农、绿色兴农，让乡村‘强’起来；着力补短板、强弱项，让乡村‘美’起来；着力保障和改善农村民生，让乡村‘富’起来。”在乡村的强、美、富中，富起来是基础、是关键。富就是要巩固脱贫成效，就是要增加群众收入，就是要壮大村级经济收入。集体合作社是产业扶贫过程中组织贫困群众、链接市场的重要载体。

◆农户在茶叶基地采摘茶叶

（四）集体合作社是农民脱贫致富、乡村振兴的重要抓手

以往，农村经济通过分田单干来激发和调动群众的个人积极性，就能促进生产力的发展。现在进入新时代，如果再靠每家每户单打独斗，小农户难以适应大市场，既难战胜自然风险，更难战胜市场风险。因此，农业生产的规模化、产业化已经成为当前扶贫工作的主攻方向。因而，如何巩固和壮大村级经济，如何巩固脱贫成效，如何增加贫困户、一般农户的收入，如何帮助贫困人口脱贫致富，成为驻村扶贫工作队和村“两委”需要思考的新课题。

主要做法

关河村坚持以发展集体合作社为切入点，以产业扶贫为思路打赢脱贫攻坚战。关河村首先对集体合作社进行科学合理的设计和规划。

（一）按照“收益分成、激发内生动力、抱团发展”的整体思路，成立合作社

无为县关河沿山养殖综合专业合作社利用村驻村扶贫工作队下派发展村集体经济专项资金5万元作为前期的启动资金，其组成成员主要有村“两委”班子成员和种植大户。合作社在村“两委”的领导下开展工作，由村搭台、种植大户提供技术指导和帮助，引导和吸纳贫困户和一般农户积极参与，三者形成合力，促进村级经济大发展。

（二）各司其职，抓好集体合作社的规范化建设，发挥合作社的制度化、产业化作用

合作社的具体分工为：

1.村“两委”主要职责

（1）对合作社制订的总体规划、年度工作计划、大额资金的使用程序

等进行审核，对合作社的年度财务进行审计和监督；

（2）承担合作社成立初期的注册、基本账户申请、税务登记办理等事务以及特色农产品的商标确定、申请和注册等工作；

（3）协调逐步完成特色农产品的QS检测、农药残留检测、微量元素检测等相关手续和工作；

（4）和相关部门对接，对合作社的特色农产品进行宣传和推介，扩大影响力和知名度等；按照线上和线下两个渠道，通过电商、微信、团购直销等方式帮助合作社推介和销售农产品。

2.合作社其他大户（分社）的职责

（1）制订合作社的总体发展规划和年度工作计划安排，并根据年度计划安排进行总体预算和单项预算；

（2）负责特色农产品的种植，种植标准的制定，并对其他入社贫困户、一般农户进行种植技术的培训和指导；

（3）负责特色农产品包装的设计、制作，并根据设计的包装对农产品规格、形状进行加工和包装；在用工时优先考虑贫困户，并对贫困户、一般农户进行生产、加工、包装等方面的技术培训和指导；

（4）确定所生产加工的农产品的价格，并保证质量；

（5）作为销售主体负责特色农产品的销售，组织货源，进行货源的统一调配和发货。

3.贫困户及一般农户的职责

（1）按照合作社提供的技术和要求对农产品进行种植、养殖，确保按照要求种植、养殖的农产品是有机的、绿色的、环保的；

（2）按照合作社的要求提供农产品，需要采摘的严格按照要求进行采摘，需要初加工的严格按照要求进行初加工；

（3）在生产和加工过程中为合作社提供劳动力等支持，合作社按照同等的价格提供劳动报酬，增加收入。

（三）总体规划，分步实施，循序渐进发展合作社

合作社总体发展规划实施主要分“三期两步”进行。一期主要对红薯、山芋粉、山芋粉丝、茶叶、土鸡、土鸡蛋等进行生产加工和销售；二期在稳定销售一期农产品的基础上，逐步推广到大米、黑猪肉、龙虾、鸭、鹅等农产品；三期在前两期稳定销售的基础上，扩大农产品的影响力和知名度，并总结前两期经营和销售的经验。同时，逐步推广分社运营模式即建立茶叶分社、家禽养殖分社、大米种植分社和加工包装分社等，按照企业管理模式细化分工、团结协作，进一步扩大原有产品的种植和销售的规模与档次，提高农产品的附加值，并推广除传统种养殖外的、结合本地特点和实际的、有推广价值的特色种养殖项目。

具体的分步实施步骤：第一步是将贫困户、一般农户和种养殖大户生产的农产品以市场价格作为保底价格，按照“五个统一”的要求进行销售，即统一产品注册、统一包装设计、统一生产加工、统一检验检测、统一对外销售。对所得的利润按照5：3：2的比例进行二次分红，即纯利润的50%再次返还给贫困户、一般农户和种植大户，30%提留给合作社用于自身发展，20%作为村集体出资的分成。为了促进合作社的运营发展，第一年村级不提成，从第二年开始按10%提成，每年增加5%，最高提成为20%。第二步是结合农村产权改革，将村民的土地、山地和林地等进行土地流转后，入股到合作社，合作社每年按照一亩多少钱的约定价，提供一个保障性收入，同时年底工作收益后再进行分红。合作社将根据不同的农产品分成茶叶分社、粉丝分社、水稻分社、家禽养殖分社、加工包装分社等不同分社，并按照“分块”的原则，由种养殖大户、种养殖能手、本村在外成功人士有意愿回来发展的以及村“两委”人员来承包负责的方式进行运营。农户收入将由“保底流转入股收入+分红收入+务工收入”组成，分社承包人收入将由“保底流转入股收入+分红收入+管理保底收入+绩效提成收入”组成。

具体成效

按照既定规划，关河村集体合作社前期工作总体运行良好，稳步推进。2017年10月，我们完成了合作社的注册登记、基本账户申请、税务登记、商标的注册与登记等工作；同年11月，完成了对山芋粉、山芋粉丝、土鸡、土鸡蛋等农产品的统一包装设计和对山芋粉、山芋粉丝的农药残留检测；自2017年12月至2018年2月底，共帮贫困户及农户销售粉丝3000斤、山芋粉1000斤、土鸡蛋40000只、土鸡300只、黑猪肉400斤，实现销售额近12万余元，共带动6户贫困户实现增收；2018年2月，完成了茶叶的包装设计，建设茶叶储藏冷库27立方米，与13户贫困户和17户一般农户签订了茶叶代销协议，并通过无为网、智慧无为、微信等平台在线宣传关河沿山牌粉丝、山芋粉、茶叶、土鸡、土鸡蛋等农产品，还通过芜湖市农产品展销会、幸福路爱心扶贫驿站、淘芜湖和无为县神州买卖提信息网销售农产品，至2018年4月初，销售茶叶240斤，销售额达8万多元，为每户贫困户增收800元，为合作社增收近万元。

2018年的主要发展方向：

一是实施品牌化发展战略，加强标准化生产建设，推广特色农产品。购买茶叶等农产品生产加工设备，建设加工包装厂房，对茶叶、山芋粉、山芋粉丝等产品进行标准化生产；对茶叶、山芋粉、山芋粉丝的包装进行改进，完成土鸡、土鸡蛋、大米等农产品的包装设计工作，做好农产品“三品一标”的申请。

二是利用电商平台，扩展销售网络。与县电商产业园对接，开设关河沿山特色农产品网上销售专营店。随着互联网技术的广泛应用，电子商务正改变着农村传统的购销模式，加强与县电商产业园对接，有助于提升合作社的经济效益，带动农户增收。

◆利用电商平台销售特色农产品

三是因地制宜，发展特色产业，开展水稻“小红稻”的试种工作。加工销售有机“小红稻”，产业优势突出，前景广阔。

思考启示

当前，关河村以发展集体合作社的方式攻坚脱贫，虽仍处于初步探索阶段，但也取得了一些成效，获得了一些经验，以供参考。

第一，多主体参与，发挥村“两委”的组织作用和种养殖大户的技术和经验优势，共建合作社。合作社的组成是由村“两委”牵头，种养殖大户、一般农户、贫困户共同参与。村“两委”承担合作社的成立工作，并负责特色农产品的商标注册、QS和农药残留检测、微量元素检测以及产品的包装、宣传和推介工作；种养殖大户利用技术和经验的优势带动贫困户种植生产，解决技术问题，同时制定农产品的种植标准，确保产品质量。

第二，利用下派专项资金解决成立合作社的前期费用，解决种植大户的前期资金投入，降低投入风险，消除贫困户、一般农户和种养殖大户的心里顾虑，调动他们参与的积极性和能动性。

第三，科学合理地设置合作社的利润分配方案。在项目收益上，种植大户的产品价格由“基础价格+产品分红”组成，即产品按照基础价格给合作社，合作社通过检测、按统一的商标包装后确定市场价格进行销售。产生的纯利润按照村级提留20%、合作社自留30%和农户分红50%的比例进行再分配。村级提留作为集体收入用于村级公共事务，从第二年开始在纯利润中提取10%（暂定），按每年5%增长，最高不超过20%（暂定）。合作社自留纯利润的30%主要用于合作社的发展。

第四，让更多的贫困户参与，提高贫困户参与的积极性，同时解决贫困户的“等、靠、要”思想，实现由“输血”扶贫到“造血”扶贫的转变。合作社销售的产品品种较为丰富，主要有山芋粉、山芋粉丝、茶叶、大米、土鸡、土鸡蛋、黑猪肉等，解决了一部分贫困户不能参与发展的问题。

第五，细化集体合作社财务管理制度，预防腐败，确保资金安全高效使用。在合作社资金运行和使用过程中，大额支出按照合作社预算申请，经村“两委”讨论、村民代表大会通过后实施。在实施过程中，按照国有资金管理和招标采购的办法进行，接受合作社监事和村监事委员会的监督，确保每笔资金使用的正确性和有效性，有效预防腐败。

（撰稿人：李龙）

案例点评

无为县蜀山镇关河村通过设立集体合作社进行产业扶贫，多主体参与分工，集聚规模效应，利用互联网平台和品牌效应发展特色产业。摸索一条适合关河村的完善的产业运作方式，将贫困户植入产业链条，是真正的“造血”式脱贫，具有内生性、可持续性和不易返贫性，实现脱真贫、真脱贫。关河村的集体合作社，具有以下两点可取经验：

第一，合作分工的机制为品牌关河打下基础。集体合作社形成了村“两委”、合作社、贫困户和一般户三个主体构成的一个“公司”，其中合作社主要负责关河村一年的总体发展规划和工作安排以及农产品的设计、技术指导和标准化制定工作，其功能类似于一家公司的战略发展的智囊团；贫困户和一般户按照合作社规定的要求提供茶叶、山芋粉、山芋粉丝、土鸡等产品，好似一家公司的基础生产业务部门；村“两委”主要负责合作社和农户是否按照工作职责要求履行各自的业务，在整个集体合作社的发展中起到监督和保证农产品质量的作用。三者的合理分工和有机结合的分工机制，有效地保证了关河村对外提供的产品质量，为品牌关河打下了强有力的产业基础。

第二，挖掘优势产业，形成品牌效应。关河村挖掘地域优势，以地方特有的山芋粉、山芋粉丝、土鸡、土鸡蛋、黑猪肉等作为产业扶贫的突破口，在关河村集体合作社良好的运行机制下，在农产品质量有保障的前提下，注册农产品商标，利用电商产业园等互联网平台扩大宣传，实现品牌效应，更好地为农民增收。

（点评人：陈芳英）

用心用情助困扶弱，小康路上不落一人

——南陵县烟墩镇万兴村驻村工作组扶贫纪实

案例背景

南陵县烟墩镇万兴村总面积13.81平方公里，耕地面积3700亩，林地面积1.2万亩，辖22个村民组，共667户2452人。村党总支共有中共党员83名，设2个支部、7个党小组，村“两委”成员6人。2014年，万兴村共有建档立卡贫困户67户150人，是全县脱贫攻坚任务较重的村庄之一。该村2014年脱贫10户23人，2015年脱贫48户98人，2016年脱贫14户35人，2017年脱贫5户11人，2018年拟脱贫2户6人。2014年，万兴村被列为省“美丽乡村建设示范村”。

主要做法

（一）抓担当意识，精准施策真情帮扶

驻村工作组成员带着感情帮扶，带着责任扶贫，切实担负起扶贫帮扶的责任和使命。

1. 参加扶贫很光荣

工作组牢记使命，切实履职，带领村“两委”班子一起重点做好信息核查、资料整理、结对帮扶、措施到户、脱贫攻坚大排查、贫困户识别和退出等相关工作，真正做到扶贫工作务实，脱贫过程扎实，脱贫结果真实。他们白天入户走访，落实帮扶措施；晚上在村部整理资料，有时一连几天都要加班加点，经常是“5+2”“白+黑”的工作程度。尽管工作很辛苦，工作组成员却毫无怨言，觉得能投身到扶贫战役中，就是一件光荣和值得回味的事情。记得2017年5月12日那天，工作组晚上又在村部加班整理“一户一档”材料。夜深时，大家刚回到宿舍躺下准备休息，工作组组长艾可保的肾结石突然发作了，痛得直在床上翻滚。由于身在山区，到县医院路途遥远，晚上也找不到车，只得在村卫生室开了点止痛药暂时缓解，等到天快亮时，组长才赶去县医院做了碎石治疗。后来他吊水休息了一天，就又回到了村里继续工作。这种忘我的工作精神，令村里的其他帮扶责任人大为感动，于是大家工作的劲头更足了。

◆驻村工作组成员和村“两委”干部晚上正在整理扶贫资料

2.对待群众要真心

工作组从掌握村情民情入手，根据贫困户不同的致贫原因，有针对性地为贫困户量身制定帮扶措施，对照措施清单“点菜式”精准帮扶。对有劳动能力的贫困户，通过介绍就业、扶持产业、小额贷款、技能培训等形式，帮助贫困户增强内生动力，拓宽增收渠道，增加家庭收入，让贫困户通过自身努力实现脱贫摘帽。对无劳动能力的贫困户，除了采取政策兜底，还千方百计通过土地流转、代种代养、改善生活和居住条件、走访慰问等多种途径，帮助其实现稳定脱贫。通过坚持扶贫和扶智相结合、物质帮扶和精神帮扶相结合，转变贫困户思想观念，激发贫困户内生动力，增强他们脱贫摘帽的积极性和主动性。

贫困户王林武的妻子常年精神失常，生活完全不能自理，他一边在村里打零工糊口，一边照料妻子。后来他的妻子抗拒吃治疗精神疾病的药物，病情呈恶化趋势。工作组得知他家的情况后，多次上门询问情况，并和村里的其他同志一起耐心做王林武的思想工作，让他送妻子到芜湖市第四人民医院接受住院治疗。起初，王林武不同意这样做，他既担心医药费太高承担不起，又觉得治不好，送去医院也没用。因为此事，工作组成员冯家胜多次上门做王林武的思想工作，后来终于打消了他的顾虑，冯家胜和村里其他同志陪同王林武一起把他的妻子送到了芜湖市第四人民医院，并办理了入院手续。通过专业的治疗，他妻子的病情得到了有效控制并有所好转，该户也在2017年顺利实现脱贫。

（二）抓产业发展，增强造血强基固本

抓脱贫必须抓产业，抓产业必须抓规模。万兴村地形以丘陵为主，全村有1.2万亩林地，适合种植山林作物。工作组经反复调研，帮助村里科学制定了产业发展规划。通过政府部门推动、村“两委”发动、合作社和大户带动、村域农户行动，我们采取“支部+合作社+党小组+农户”的工作模式，六大主导产业现已初具规模。村白茶基地面积达1000亩，栀子花基地面积达800亩，油茶基地面积达500亩，烟草基地面积达500亩，苗木

基地面积达1000亩，水产养殖基地面积达300亩，实现了贫困户产业全覆盖。伴随着产业的发展壮大，贫困户的山场、土地得到了有效流转，增加了贫困户的收入，有劳动能力的贫困户还可以到基地就业，也增加了他们的收入，同时村集体经济也显著增强。

◆万兴村栀子花和白茶产业基地

（三）抓项目建设，夯实基础厚积薄发

万兴村距县城30千米，在这个偏远的山村，村民组的交通条件非常落后，村民们祖祖辈辈行走在坑坑洼洼的土路上，受制于出行难，有的老人一辈子都没有进过县城。于是，驻村工作组积极向上级部门争取项目资金，完成了文冲、千文冲、柘叶、新塘等四个村民组的6000米水泥路建设，全村在烟墩镇率先实现组组通，极大地改善了村民的出行条件。后来，我们又砌护了700多米灌溉沟渠，清淤了3500米老沟渠，修建了2座机耕桥，新修了15个水利塘口，有效地改善了农业生产条件，为全村后续发展奠定了坚实的基础。

◆驻村工作组正在和村民商议扶贫举措

具体成效

万兴村的扶贫思路清晰、措施到位，因而成效明显，主要体现在以下三个方面：

（一）基础设施进一步完善

万兴村坚持把改善基础设施作为精准扶贫的重要内容，大力加强基础设施建设，着力治理村庄“脏、乱、差”问题，高标准改造了路、桥、水、电等基础设施，村庄环境更加优美，村民生活更加幸福。

（二）产业发展进一步转型

发展壮大了栀子花、白茶、油茶、烟草、苗木、水产等多种农业产业，一二三产业融合发展的产业链条正在形成，生态环境保护与健康绿色发展的良好态势正在和谐并进，村民增收渠道进一步拓宽。

（三）文明新风进一步传播

通过实施“扶贫先扶志，扶贫必扶智”的工作理念，广泛开展村民道德讲堂和法制大讲堂，积极开展移风易俗活动，扎实推进社会主义核心价值观教育，精神文明建设亮点纷呈，在全村形成了尊老爱幼、遵纪守法、团结互助、邻里和睦的好风气。

思考启示

通过分析万兴村扶贫工作的做法和经验，初步得到以下启示：

（一）扶贫要有创新

精准扶贫必须要有新思路和新举措。坚持因地制宜，创新机制，突出问题导向，因户精准施策，要创新扶贫资源使用方式，由多头分散向统筹集中转变。万兴村就是以坚持完善基础设施和发展致富带动产业，以民生改善为目标，让全体村民共同分享发展实惠。

（二）扶贫突出造血

脱贫攻坚必须要坚持产业扶贫主导地位。劳动力素质偏低、技能水平不高、致富产业缺少，是贫困户难以脱贫的功能性障碍，不解决“扶智”“造血”问题，单纯“输血”效果甚微。产业扶贫是民生之本，使扶贫具有“造血”功能，是脱贫的治本之策。坚持把产业扶贫作为长效脱贫的有力抓手，发挥扶贫产业基地、大户与基地的带动作用，促进贫困群众入股分红、就近就业，因地制宜地开展产业扶贫，激起群众发展活力，才能更好地实现永久脱贫。

（三）扶贫要用真情

扶贫帮扶必须要坚持以帮助贫困户脱贫为己任。扶贫工作是一项系统工程，是解决人的吃、住、行问题，是解决人的生活质量问题，是解决人们对美好生活需要问题。因此，扶贫干部必须要坚持以帮助贫困户脱贫为己任，无私奉献，找准“穷根”，对症下药，真正沉下身子一心一意做好扶贫工作，以高度的政治责任感和扶贫工作使命感完成党和政府交给的光荣任务。

（撰稿人：穆亲林　艾可保）

案例点评

精准扶贫是针对不同贫困区域的环境、不同贫困农户的状况，运用科学有效程序对扶贫对象实施精确识别、精确帮扶、精确管理的脱贫方式。习近平总书记强调了六个精准，“扶持对象要精准、项目安排要精准、资金使用要精准、措施到位要精准、因村派人要精准、脱贫成效要精准”。

精确识别，是精准扶贫的前提。精确识别就是要开展到村到户的贫困状况调查和建档立卡工作，通过有效、合理的程序，把贫困户识别出来。这是一项繁重艰巨而又必须做好的工作。南陵县烟墩镇万兴村驻村工作组采用“5+2”“白+黑”的工作模式，靠着扎实的工作作风和坚持不懈的努力，为顺利开展扶贫工作打下了坚实的基础。

精确帮扶，是精准扶贫的关键。贫困户识别出来以后，针对贫困户的贫困情况确定帮扶措施，确保帮扶效果。在前期工作的基础上，南陵县烟墩镇万兴村驻村工作组对贫困户动之以情、晓之以理，赢得了他们的信任，让不理解不了解扶贫工作的贫困户了解了国家政策、转变了思想观念、积极配合扶贫工作，使各项扶贫措施得以有效实施，最终取得良好的帮扶效果。

此外，南陵县烟墩镇万兴村驻村工作组的精准帮扶项目和基础设施建设，使得整个精准扶贫工作的作用更直接、效果更可持续。最终，该村不仅逐年实现了脱贫攻坚目标，还获得了省“美丽乡村建设示范村”荣誉称号。取得这些成绩，与南陵县烟墩镇万兴村驻村工作组“用心用情”的工作理念和“不落一人”的精准扶贫目标是分不开的，这为全市扶贫工作树立了良好的榜样，值得大家学习和借鉴。

（点评人：陈培）

十年九涝荒滩地　三年扶贫桃花源
——无为县石涧镇柘城村旅游产业扶贫经

向日葵和格桑花沿湖而缀，鱼虾嬉戏于满池碧莲之下，采颐留香垂钓柳下，听戏品评对弈堂前。如今的柘城村是省级旅游示范村，以“四星级农家乐安徽濡北水庄农家乐 + 360 亩水产养种植”模式为带动，已累计实现直接经济收入260余万元，吸引无为周边游客30余万人次，同时还带动了34户贫困户脱贫致富。柘城村早已摆脱城边“沙家浜”的命运，蜕变为城乡百姓心驰神往的“天然氧吧”和“梦里水庄”。

◆无为县柘城村濡北水庄

案例背景

柘城村位于安徽省无为县北侧、石涧镇东南方向，有650年的历史记载，临靠裕溪河，地势低洼，属深圩区，耕地面积8159亩，水面1200亩，目前人口1140户3997人，38个村民组。实施扶贫攻坚工作之前，这里是历史上远近闻名的水患之地，“十年九涝”是其真实写照，单一化水稻种植只够辛劳的村民们勉强维持温饱。2014年，该村建档立卡贫困人口159户469人，占全村人口的11.7%，如斯的生活、生产状况令该村成为当地有名的上访村和贫困村。而经过三年重点扶贫系统工程，该村成功脱贫148户437人，贫困率下降至0.8%。

主要做法

（一）痛定思痛，解水患之苦

柘城村四面环水，地势低洼。长期以来，每逢汛期，周边水系的地表水全往村子里流，久而久之，村里的地下水极其丰富，同时地表呈现荒滩化、沼泽化，普通粮食作物产量小，收益低。所以，“十年九涝”成了该村的代名词，水患成了百姓心头的压心石。

水患已成为制约村经济发展的痛点和难点，如何解痛点、化难点，并将此转化为发展点，一直是令驻村扶贫工作队和村“两委”头疼的问题。经实地考察，反复论证，镇村及扶贫工作队最后一致认为，要想振兴柘城村的乡村经济，必须立足实际，解决水患，并在此基础上，变水患为水利，做活水文章，打造旅游生态特色村。

有了初步设想后，还要看是否具有实际可操作性，为此，村里多次邀请水利专家来村现场考察勘探，以做水利实施规划。利用贫困村优惠政策与村民自筹，大兴水利项目，扶贫工作队务必要将多年以来的水患问题彻底解决，还百姓一个安全的生产和生活之所。

对此，三年来，扶贫工作队牵头想方设法向各部门申报基础设施项目，实施改善性工程，先后完成道路拓宽9.1公里，让22个自然村道路全部硬化，彻底改变群众出行难问题；并在此基础上，美化绿化道路7公里；为彻底改变水患困扰，在水利专家的规划与建议下，修建了沙滩等5座水电排灌站，硬化了1400米沟渠。扶贫工作队还发现环村有15公里圩堤残断不全，若遇汛期尤为惊险，为此，通过政策叠加与村民自筹相结合，重新建造了环村15公里圩堤。为保证施工质量，工作队特邀请村里有威望的9名老党员轮流监工，质量达30年防洪不遇的标准。此外，治水不在堵而在疏，所以水患变水利，就是功在“疏”字。为此，在实施各项水利工程时，不忘规划与疏通，打通水渠沟渠，逐渐实现了村内外沟渠相通，形成环渠道水网，做到涝能排、旱能灌。自此，昔日水患根除，还给了村民一个安定家园，达成了百姓一个美好愿望。

（二）深思熟虑，做活水文章

习总书记指出，“绿水青山就是金山银山。”一般贫困落后地区的资源是非常丰富和独特的，那么该村的“绿水青山”是什么？毫无疑问，水是该村最大的特征，水就是“金山银山”，要想建设特色村，自然离不开水！那么如何化患为利，是摆在扶贫工作队面前的突出问题。

为此，村扶贫工作队与村“两委”一边外出学习考察，一边请规划局、水利局、农委等专家指导论证，最终定下了一个“走出去和请进来”的水乡发展模式。同时，动员群众思想，务必改变过去单一的水稻种植模式，调整产业结构，通过产业扶贫、大户带动、“公司+基地+贫困户”多种模式，发展特色种养殖业，实现贫困村摘帽、贫困户脱贫的目标。

1.打好“亲情牌”，招引能人回乡创业

小时候/乡愁是一枚小小的邮票/我在这头/母亲在那头/长大后/乡愁是一张窄窄的船票/我在这头/新娘在那头/……一首《乡愁》召回了本村在外创业的能人。

定下本村的发展模式后，首要解决的就是资金投入问题。贫困村集体经济极其微薄，根本无法用来投资建设大型项目，那么资金何来呢？既然自身不行，那么能不能招商引资呢？但是，贫困村招商何其难啊？谁会愿意将大把资金投入到这个无人知晓的贫困村里？乡情、乡音可能会成为发展的助力点。我们若能利用好近乎原生态的资源特色，打好亲情牌，则能吸引原籍的能人大户回村创业，这或许能事半功倍。

为此，村里对外发布了一批水资源招商项目，倡议在外创业的能人大户能回村投资，为家乡做贡献；同时，积极宣传党和政府的扶贫攻坚政策和农业项目发展前景，主动联系几位能人大户，动之以情、晓之以理，最终获得了他们的大力支持。根据村里的规划，主项目实施点在滩涂资源丰富的荷叶地自然村，实施项目为集餐饮、住宿、荷花观赏、蔬菜采摘、特色养殖为一体的四星级农家乐，项目预投资1000万元。此项目自2015年初立定后，顺地形而建，修渠打坝，蓄水为湖，先期建成精养塘300余亩，此后逐步建设完善。2016年5月，四星级濡北水庄正式完工营运，各地图软件均能导航而至。

2.用好“资源牌”，用项目开启水庄旅游模式

“授人以鱼不如授人以渔”，“双联系”单位和扶贫工作队结合村情自选项目。柘城村地处深圩区，利用水网密布、沟渠众多的自然资源条件，在水庄旅游产业推动下，引进淡水小龙虾养殖项目。同时，创新“产业+金融+就业”三位一体联动扶贫路径。

通过优惠政策、项目补助、社会投资等资源叠加，产生集聚效益，助推村旅游产业发展。2017年，通过组织贫困户参加金融扶贫，将获取的80万元金融扶贫贷款用于支持新型农业经营主体濡北水庄乡村旅游产业和四星级农家乐发展，将15万元产业扶贫资金和种养合作社20万元资金入股濡北水庄发展养殖业。同时，驻村扶贫工作队还与县、市科技部门联系，争取了太空莲套养鳜鱼的科技项目，不仅实现了经营主体和土地流转农户的收益，还带动了21户贫困户就业，构建起“金融支持产业+产业带动就业+综合推动脱贫”的良性互动扶贫格局。

3.挖掘“文化牌”，培养全村勤劳致富观念

经济的发展离不开文化引领与提升，扶贫不仅是解决人们的温饱，更是人们精神上的获得感，即文化自信和文化自豪。用650年的柘城历史打造柘城文化，用文化促进村经济发展，形成文化经济双提升，这是扶贫工作队和村“两委”要持续经营的长期工程。

为此，在帮扶单位和村扶贫工作队帮助下，多方筹资建成500平方米的健身广场，并按照安徽省文化乐园和浙江文化礼堂标准，与浙江音王集团合作打造了芜湖市第一家乡村文化大院，还邀请中国音乐家协会会员制作了村歌《幸福柘城》。利用柘城村650年的历史底蕴，以现存的古官道、古井、柘城大庙等历史古迹为资源，成功举办了三届柘城村惠民嘉年华活动，开展了6场妇女之家活动、37场送戏演出，捐助了60名贫困学生，募集了332.7万元认领项目。

◆柘城村濡北水庄举办无为县老百姓大舞台暨柘城村第二届惠民嘉年华活动

以送戏下乡、惠民嘉年华、民俗文化节等多种活动形式，广泛持久宣传特色村庄和水乡产业发展意义、美好目标和实施途径，致力开展文化精神扶贫，形成了走出去和引进来双向带动。三年来，累计实现直接经济收入280余万元，吸引周边游客30余万人次；同时，乡村的经济文化得到了双提升，又不断调动了村民的兴奋点，激发了广大群众的主人翁精神，变“要我干”为“我要干”，在全村掀起打造特色水乡、发展“一村一品”的舆论氛围和干事热潮。许多过去的贫困户、难缠户都改变了观念，开始主动参与水乡建设，积极支持旅游示范村道路拓宽、房屋拆迁、民宿规划、设施完善等工作，不再为占用一分田地而斤斤计较了。

具体成效

2017年，柘城村申请并获得了安徽省旅游示范村、森林村庄、美丽乡村等一批建设项目，获得芜湖市“妇女之家”、芜湖市生态村等荣誉称号，并成立了8家农业种养合作社、1家市级农业产业化龙头企业、1家农机大院、30亩育秧基地、50亩蔬菜大棚基地、200亩特色龙虾养殖基地和50亩太空莲种植基地。仅濡北水庄每年靠垂钓、莲子、休闲旅游餐饮和住宿等的收入就达上千万元，还带动了60户以上贫困户就业，每户每年均增收6000元以上。

“感谢党的好政策，帮助我成功脱贫。”这是村里老人汪少华拉家常时最常说的一句话。汪少华今年71岁了，是柘城瓦屋自然村村民，家里只有老夫妻两个人，2001年老伴右肾切除，2008年老伴胆囊又切除，基本丧失重劳动力且需长期治疗，其家庭收入仅靠种植几亩田来维持，生活非常困难，属典型的因病致贫。为帮助其脱贫，村扶贫工作队多次上门沟通，为该户制订了帮扶措施：先帮助他们申请了特色种养扶贫，年增收1200元；又考虑到汪少华本人还有一点劳动力，便将他推荐给濡北水庄扶贫基地去做除杂草工作，年收入3200元；又将家里的4亩田托管给濡北水庄，年分红1600元。此外，扶贫工作队还帮助他们代缴新农合、申请农村低保等。2016年，汪少华家人均收入5750元，年底成功脱贫。现在，他家冰箱、洗衣机、彩电等家电一应俱全，生活彻底改善。

家住荷叶地自然村的蒋方云，因自身发展动力不足致贫。“双联系”单位和扶贫工作队多次上门帮助他量身制订脱贫计划和方案，鼓励他种好自有的5亩多水稻，同时介绍他去村农机大院工作，每年有5000多元劳务费收入，还帮助他的老母亲汪桂英办理慢性病手续，为其家庭减少医疗费负担6000余元。这样“一增一减”，蒋方云家日子过得顺顺畅畅。2017年年底，通过省第三方评估，蒋方云家光荣脱贫。蒋方云逢人就夸：“还是党的扶贫政策好！扶贫工作队好！”2018年4月，当他得知将在他家自然村实施美丽乡村项目时，激动不已，表示会主动配合政府，拆除家门口的违章建筑，愿意为美丽乡村建设做义工，作为对党和政府的回报。

思考启示

柘城村依托地势之便，化水患为水利，走“旅游+扶贫发展”之路，助推了柘城村乡村休闲旅游发展，有效盘活了扶贫资源，调动了农户脱贫的积极性，产生了显著的扶贫效果。

（一）因地制宜，找准脱贫突破点

越是自然的，越是美丽的。旅游追求回归自然，田园风光是发展乡村旅游的重要资源，是城里人寻找乡愁、放牧心灵的重要依托，也是乡村旅游的独特卖点。柘城村顺势而为，兴修水利，消除水患，变水患为水利，既保护了原来的自然格局，又发展了乡村经济，传承了地方文化，增加了乡村魅力。

（二）抢抓机遇，打通攻坚瓶颈口

贫困村在实现自身经济发展的过程中，由于经济建设基础薄弱等原因，很难实现经济发展的自我启动。所以实现贫困地区的经济发展，需要外力作用进行有效推动。争取得到各项资金、资源、技术等优农惠农政策支持，以及能人大户的支持，是乡村扶贫攻坚的最后一公里，也是乡村发展旅游的第一个瓶颈。将绿水青山变成金山银山，需学会利用乡村自然特点，打好“资源牌”和“亲情牌”，善于用资源来换发展，用亲情来引能人，即制定优惠政策，吸引能人返回农村广阔天地，创业兴业。乡村旅游开发的第二个瓶颈就是特色，尤其是在同一地域下如何获得竞争性旅游优势要有特色。柘城村有650年的历史记载，依托古井、古官道、柘城大庙（刘伯温所建）、荷叶地（何仙姑掷莲化灾之地）、朱砂窑遗址、汪氏宗祠（天下汪氏出安徽，安徽汪氏出荷叶地）等历史古迹和传说，在打造乡村旅游之余兴建文化大院，留住历史镌刻，留住文化底蕴。

（三）谋定后发，激发村民兴奋点

在尊重村民意愿的基础上，真心真情帮扶，才能赢得村民的支持。同时，谋定村发展规划，坚持村民主体地位，创新经营模式，合理协定分享利益，不断增强贫困户发展的信心和动力，激发村民脱贫致富的强烈愿望。驻村工作队、村“两委”和村民共同成长，鼓足干劲，学习新技能，规划新生活，谋求新思路，抱团取暖，合作共赢，脱贫致富，打赢脱贫攻坚战。

（撰稿人：沈敏）

案例点评

党的十九大报告中提出，农业农村农民问题是关系国计民生的根本性问题，必须始终把解决好“三农”问题作为全党工作的重中之重，实施乡村振兴战略。农业强、农村美、农民富，则乡村振兴。

此案例中，无为县石涧镇柘城村的扶贫措施从大局出发，着眼于整个村庄的产业提升，以产业促发展，以产业脱贫困，亮点很多。首先，因地制宜布规划。柘城村靠水吃水，以水资源和水文化为依托，坚持人与自然和谐共生，化劣势为优势，很好地贯彻了创新、协调、绿色的发展理念。其次，多方发力筹资金。吃透国家各项扶贫政策，即通过金融扶贫贷款、扶贫资金、农业合作社入股、村民投资参与等多种形式筹集资金，解决了最大的拦路虎，完成了产业布局。最后，绿色发展创品牌。濡北水庄和四星级农家乐的发展带动了整个柘城村的乡村旅游产业，同时挖掘当地的传统文化资源，将文化与旅游相结合，为形成一个集循环农业、创意农业、农事体验为一体的田园综合体打下了良好的基础。

无为县石涧镇柘城村走出了一条以水为特色的脱贫之路，今后应继续在水上下功夫，突出水资源的特色，提升水产业的质量，打造水文化的精品，成为真正的“水之柘城”。

（点评人：濮艳）

脱贫攻坚关键在于精准施策

——南陵县籍山镇新坝村精准施策脱贫纪实

案例背景

南陵县籍山镇新坝村位于南陵县城东北部，面积约7.8平方公里，距离县城约7公里，下辖20个村民组，全村户籍人口3757人，耕地面积7154.27亩，村民收入主要靠水稻种植和外出务工。2014年，全村建档立卡贫困户55户136人，其中，因残致贫21户，因病致贫25户，因学致贫1户，因缺劳动力致贫8户。2017年5月，南陵县选派县直单位科级以上领导干部驻村扶贫，县委办公室副主任梅务钟作为县委办选派干部担任集山镇新坝村扶贫工作组组长，同时籍山镇党委选派镇干部张达喜下派到新坝村任第一书记，镇干部袁和平为工作组成员，驻村开展扶贫脱贫工作。工作组到村后，与村“两委”干部手把手、心贴心地带领贫困户拔“穷根”、换穷业。一年的时间过去了，新坝村55户贫困户全部实现脱贫，全村面貌焕然一新。

主要做法

（一）入户走访调研，制订脱贫计划

作为扶贫工作组组长梅务钟，深知扶贫工作首先要熟悉全村和农户的情况，只有掌握贫困户的具体情况和致贫原因，才能做到精准扶贫。进驻新坝村以后，扶贫工作组与村“两委”干部一起积极开展入户走访调研，逐户宣传扶贫脱贫政策。梅务钟还经常利用晚上时间，到驻地附近的贫困户家中了解情况，询问家庭收支情况，了解家庭困难原因，探讨扶贫帮扶措施还需要做哪些。扶贫工作组在生活的点点滴滴处用心，真正帮助贫困户解决实际问题。村民朱景财家卧室内下雨时有点渗水，工作组几次走访时他家也没当事说，后来聊天时偶然说出此事，工作组同志随后及时与村干部联系，安排专业人员去他家做了防渗处理。在短短的两个星期，工作组走访调研了21户次，走访贫困户118人。通过入户走访调研，工作组全面了解了贫困户致贫原因及不同需求，收集了第一手资料，逐户制订了脱贫计划和措施，为实施精准扶贫打下了坚实基础。

（二）做到精准施策，措施落实到户

精准扶贫，重点在精、准二字，坚持一户一策，因户施策，正是践行扶贫脱贫这一核心理念的举措所在。贫困户致贫的原因各不相同，工作组与村“两委”干部在制订脱贫计划时充分考虑到每户贫困户的不同特点和诉求，一户一户地梳理帮扶措施，通过产业、就业、金融、基础设施等帮扶模式，实现55户贫困户脱贫措施全覆盖。

一是产业扶贫。与成学果蔬种植专业合作社协商签订合同，将该合作社定为籍山镇产业扶贫基地，安排25户贫困户季节性务工，9户土地入股分红，并在全国扶贫日当天，安排结对帮扶贫困户参观走访扶贫基地，与扶贫基地负责人坦诚交换意见。与宏安养鸡专业合作社协商签订合同，将

该合作社定为籍山镇产业扶贫基地，安排12户贫困户对肉鸡养殖实行集中代养。

二是就业扶贫。创新开发农村“四员”，让扶贫攻坚走出新路子。为激发贫困群众主动脱贫的意愿，引导贫困群众树立“自立自强、不等不靠”的思想，籍山镇联系实际，创新开发农村“四员”公益性岗位，让贫困群众为村庄建设贡献力量。农村“四员”是指在各村设置农村环境保洁员、乡风文明宣传员、公用设施协管员和社会管理信息员等四个公益性岗位，提供给愿意参与、具备相应身体条件并且有良好品质的贫困户，并在完成相应的工作后，发放一定的补助。通过农村“四员”模式解决贫困户务工问题，实现就业扶贫。考虑到新坝村农村清洁工程需要，工作组与村“两委”商讨后，决定由村聘请7户贫困户人员为村临时环境保洁员和乡风文明宣传员，后合并为籍山镇“四员”岗位辅助岗位，从而增强扶贫“造血”能力。

三是金融扶贫。贫困户朱治本对金融扶贫政策总是弄不清，为此工作组与朱治本及其帮扶责任人一起到贷款使用企业振运物流公司参观交流，彻底打消了朱治本的顾虑。

四是基础设施建设扶贫。贫困户杨业如家门前道路比较难走，工作组和村“两委”向镇党委政府反映并拟定工程量清单，推动改善贫困户基础环境设施。

工作组与村“两委”积极推行因户施策，用足用好“九大工程”政策，综合实施产业扶贫、就业扶贫、金融扶贫、健康扶贫、教育扶贫、社保兜底扶贫等，确保每户至少享受四项具体扶贫措施。

（三）强化措施落实，完善帮扶责任

依托帮扶责任人这个抓手，推动扶贫各项具体措施落实到位。扶贫工作组只有3个人，村干部也只有5个人，在明确帮扶计划和帮扶措施后，很多具体的帮扶措施都落在了帮扶责任人身上，除县、镇两级帮扶责任人外，工作组和村干部每人也至少联系帮扶3户贫困户。

一是坚持帮扶人全程帮扶联系制度。工作组协调组织汇总，具体扶贫政策宣传、帮扶计划制订、帮扶措施落实、帮扶手册填写、帮扶系统资料更新、日常联系对接等，都由帮扶责任人与帮扶对象全程联系负责。

二是坚持帮扶人定期帮扶联系制度。扶贫整改月期间，最初帮扶责任人每周要跑两三次到贫困户家中，扶贫工作常态化后平均每月也要跑两次以上到贫困户家中。若帮扶责任人遇临时任务，工作组会通知其他帮扶责任人到户落实。多跑动，才能与贫困户谈心交心，才能及时掌握贫困户的动态需求，才能提升贫困户的满意度。

三是严格落实“一户一策”帮扶措施。贫困户实行一户一本台账、一个脱贫计划、一套帮扶措施，确保扶贫扶到最需要扶持的群众，扶到群众最需要扶持的地方。

四是强化扶贫责任机制。驻村工作组、村“两委”成员、帮扶责任人各有侧重分工，同时职责又有很多交叉和协作。工作组具有指导监督职责，曾多次强调市、县各级扶贫纪律要求，并强化“不脱贫不解对子，不脱贫不离村子”观念，努力提高扶贫各相关责任人员的责任意识。

◆新坝村召开工作组、村“两委”、帮扶责任人会议，讨论研究扶贫脱贫工作

具体成效

（一）做到病有所医，真正让贫困户摆脱因病致贫返贫的困境

通过落实“351”和“180”政策，因病致贫贫困户大幅减少看病支出，同时对一些家有重病的贫困户进行一事一议，针对性扶贫，并取得了明显效果。孟村村民组贫困户骆克福2009年在上海复旦大学附属肿瘤医院被诊断为鼻咽恶性肿瘤，又转变为淋巴癌，后在芜湖弋矶山医院住院治疗，出院回家后一直坚持保守治疗。2015年，骆克福家实现了脱贫，但骆克福于2017年4月病情复发，又到芜湖弋矶山医院住院治疗。本次住院治疗仍需大量的费用，而其父母一直在家种田务农和打些零工，没有多少收入，女儿骆微正在读初中，家中为给骆克福治病已负债累累。工作组和村“两委”上门了解并核实情况后，认为该户存在返贫隐患，立即行动起来，村“两委”与骆克福亲属及新坝村村民先是一起在微信上发起轻松筹，共筹得捐款31116元；二是工作组和村“两委”帮助联系慰问、救助、捐助、申报防返贫机制等资金12000元；三是积极帮助申报医疗方面救助，至2017年9月30日，共报销医疗费用103114.73元；四是安排骆克福的父亲骆芳贵到永兴米业临时用工，每年可获得报酬10000元；五是为骆克福的父母申请了最低生活保障。通过一系列的帮扶措施，使该户能看得起病，吃得起药，骆克福体现出乐观向上的心态。

（二）做到学有所教，真正让贫困户子女不因家庭困难而辍学

落实国家教育扶贫政策，保证贫困户子女不因为家庭困难而辍学，都能读得起书。2017年，共落实教育扶贫资助15户。2016年，贫困户袁金兰丈夫早逝，她一人养育一儿一女成长，女儿张慧云2017年以优异的成绩考上了合肥师范学院。这对一个家庭来说是一件大喜事，可是张慧云和她母亲却半点也高兴不起来，多年的学习生涯已经让这个家庭入不敷出，现

在还要面临每年的大学学费和生活费，加上她还有一个弟弟在读高中，而这个家庭一年总收入不足两万元。工作组和村“两委”了解情况后，不仅帮助其落实各项扶贫助学政策，还去张慧云家看望慰问，详细了解她们的生活和实际困难，帮助协调团县委为其资助学费5000元。

◆南陵县团委到袁金兰家中帮助张慧云申报助学补助

（三）做到住有所居，真正让贫困户的失修危房得到有效改善

农村很多房屋年久失修，特别是贫困户家庭的大多住房存在一些漏雨失修问题。2017年新坝村实施危房改造11户，镇村兜底维修4户。贫困户朱元亮房屋渗水严重，但其本人无劳动能力，母亲已八十多岁，工作组与村“两委”干部上门沟通后，由村安排专人施工，确保贫困户居住再也不用担心雨天漏水。贫困户张先友由于缺乏劳力，其房屋修缮进度一直比较滞后，工作组多次上门推动，后来与其女婿敲定动工时间，此后三天内顺利完成。贫困户杨少富房屋楼顶漏水，实施防漏水工程后，籍山镇建设办验收时认为，房屋修葺难以达到危房改造验收标准，为此工作组与村“两委”成员商议后，采取镇村兜底形式，补助其2200元屋面漏水工程资金，

再次修葺房屋之后得到贫困户的充分认可。贫困户周双喜，长期不与外人交流，其居住的20平方米危房，早被雨水冲刷得破烂不堪，下雨时家中到处漏雨。为帮助他过上好生活，工作组和村“两委”一边开展思想精神上的扶贫，一边为他争取危房改造资金帮他建造新房。后来，周双喜家的旧房拆掉后，仅一个月时间，两间共40平方米、粉刷一新的砖房便摆在了周双喜的眼前，住上新房子的周双喜对生活有了新的期盼。

◆新坝村工作组对杨少富房屋进行验收

（四）实现稳定脱贫，真正让贫困户家庭人均纯收入逐年提高

通过产业扶贫、就业扶贫、金融扶贫，增加贫困户家庭收入，变“输血”为“造血”，使贫困家庭长远受益，实现稳定脱贫。新坝村实施产业扶贫全覆盖，实施金融扶贫10户，贫困户免费技能培训7户，企业就业7户，小型水利看护岗位6户，农村辅助保洁岗位7户。2017年，脱贫户宦

家寿家有三口人，户主宣家寿因脑梗致残无法行走，长年需要人照顾，女儿又患有慢性肾衰竭，需长年吃药，全家的担子压在妻子许小金一个人身上，整个家庭的生活黯淡无光。工作组了解情况后，都看在眼里、急在心里，大家都明白这些问题如果解决不好，这个家庭有可能就毁掉了。为此，工作组同村“两委”一起到她家讲解扶贫政策，鼓励许小金养殖鸡鸭提高收入，并帮助其申报养殖业补助；还对许小金家实施“户贷企还”政策，帮助其贷款5万元并投入企业再分红，并安排许小金到村里的企业临时务工；又为她申请了新坝村农村保洁员岗位，让她在空闲时间打扫村民组环境卫生。这些工作，既能让她增加收入又能照顾家庭。2017年，许小金被籍山镇评选为“最美四员”。通过一年的扶贫工作，宣家寿脸上露出了笑容，还逐渐摆脱了轮椅的束缚，通过锻炼慢慢站了起来。

◆梅务钟组长为许小金发放“四员”补贴

思考启示

（一）扶贫工作重点是解决因病致贫问题

从新坝村情况来看，建档立卡贫困户55户，其中因病致贫25户，所以贫困户负担最重的还是医疗费用，特别是一些重病，如癌症患者，进口药物不能在新农合中报销，有些特效药也不在报销目录中，因此很容易一病致贫。安徽实施“351”“180”工程，很大程度上解决了这一问题。但扶贫工作结束后，如何保证重病患者稳定脱贫不返贫，还需从政策上提前考量。此外一些重病边缘户只是由于家庭条件尚好，才未进入贫困，但如病情恶化或家庭条件变化，随时可能产生新的贫困户，这需要政府随时关注。

（二）住房条件改善是贫困户的普遍需求

从新坝村入户走访调研情况来看，农村住房特别是老房子普遍存在渗水漏雨情况，只是轻重程度不一，有的已经影响居住，有的只是下雨时节存在问题。扶贫工作必须把住房条件改善摆在重要位置，每一户的具体问题具体解决，才会得到贫困户内心的认可。现实中除了贫困户之外，还有一些边缘户其房屋也存在渗水漏雨问题，但又达不到危房改造项目立项标准，这需要政府根据实际情况统筹考虑。

（三）保持稳定收入是脱贫的基本要求

从新坝村情况来看，首先实现了贫困户最低生活保障全覆盖，有些三口之家的低保金每月有1122元（2017年7月—2018年6月），实现了不愁吃、不愁穿的基本保障。同时结合农村实际情况，因势利导，鼓励贫困户进行鸡鸭等养殖，都有助于贫困户家庭提高收入。特别是开发一些季节性或临时性工作岗位，比如籍山镇的“四员”岗位开发，本身也是农村清洁工程和农村文明创建的需要，又符合贫困户居家就近就业的需求，取得了很好的效果。只有有长期稳定的收入，才能给贫困户以美好的生活希望。

（四）扶贫工作的最终目的是群众满意

工作组进驻新坝村以来，入户走访贫困户，到村民组与村民谈心，在村民代表大会上宣传扶贫政策，努力从点滴小事做起，设身处地从贫困户的差异化需求着手，一切的一切都是为了贫困户和群众满意。而从新坝村来看，扶贫工作拉近了党员干部与群众的距离，密切了党心与民心。有些贫困户的语言表达很困难，但有一句话始终挂在嘴边："共产党好，政府政策好。"扶贫工作扶的是最弱势群体，帮的是最困难群众，体现的是党和政府的关心关怀，这赢得了老百姓的内心认同。

（撰稿人：穆亲林　梅务钟）

案例点评

"扶贫工作扶的是最弱势群体，帮的是最困难群众。"这句话道出了南陵县籍山镇新坝村扶贫措施的核心和精髓。

此案例中，新坝村扶贫组将脱贫重点放在贫困户脱贫上，从细处着手，采取了如下措施：首先，政策主导。个体扶贫的基础是充分了解和掌握国家的各项扶贫政策，扶贫工作组和村"两委"吃透扶贫政策，确保在扶贫工作中用足用好"九大工程"政策。其次，走访分类。扶贫工作组通过大量的走访和调研，掌握第一手资料，对致贫原因进行分类，制订对应的扶贫计划，为个体脱贫做好前期准备工作。最后，精准扶贫。在前期准备充分的基础之上，扶贫工作组分类扶贫，帮扶到位，多管齐下，用好政策牌，筹集资金解燃眉之急，产业扶持防再次返贫。

南陵县籍山镇新坝村的贫困户已全体脱贫，但任重道远，脱贫不是终点，民富村美、产业兴旺，才是美丽乡村。

（点评人：濮艳）

扶贫先扶智，“输血”变“造血”
——无为县泥汉镇韩庙村“育人育苗”圆梦路

案例背景

韩庙村位于无为县泥汊镇西北方，北邻通江大道，与邻近的福渡镇仅一河之隔，京福铁路穿村而过。村区域面积8平方公里，共有45个自然村，总户数1444户，总人口5841人，中共党员130名，其中女党员18名。韩庙村村“两委”干部7名，其中女干部3名。村内有村级卫生所1处，小学1所。村内民风淳朴，植被茂盛、生态良好。

2014年，韩庙村是一个建档立卡贫困村，建档立卡贫困户169户322人。经过三年努力，截至2017年年底，还有95户148人未脱贫。村民主要以种植水稻、棉花、玉米等作物和外出务工为主要经济来源，以发展水产等养殖业为辅。全村现有耕地面积5300亩，森林覆盖包括森林长廊700亩，水面1200亩，其中90%左右的面积经营传统的小农户种植业，规模小且分散，经济效益较低。村内的小学——子河小学，规模逐年萎缩，学生中留守儿童占比70%以上，较难管理，且缺少优质的教育资源和师资队伍。

韩庙村是芜湖市妇联的“双联系”单位，2016年4月申报创建了省“妇女之家”项目。村“妇女之家”设在韩庙村村部，有固定的办公、学习及活动场所，各项硬件设施齐全，各项规章制度齐全。

主要做法

针对韩庙村村情，帮扶单位芜湖市妇联、泥汊镇党委政府、驻村扶贫工作队联合起来，精心谋划，带领村“两委”开启精准扶贫项目，大力实施“育人育苗·脱贫致富”工程。一手抓产业扶贫，带动贫困户脱贫致富；一手抓教育扶贫，提高学生的综合文化素质，进而实现贫困村的脱贫摘帽。

（一）育苗——“输血”变“造血”，共筑产业扶贫路

仅仅依靠“输血”不能摆脱贫困面貌，只有增强贫困户自我“造血”功能，才能彻底带动贫困户脱贫致富。芜湖市妇联在精准帮扶中，注重发展贫困村主导产业，促进农业生产发展，大力实施“育苗工程”，鼓励贫困户转变生产方式，开展特色种植，增强扶贫村“造血”功能。

2016年，韩庙村在“双联系”单位芜湖市妇联的帮助下成立了九连圩现代农业专业合作社，主要从事水稻、油菜、小麦的种植加工和销售，村“两委”成员带头，带动村民们开始抱团发展。在加速农业转型的道路上，市妇联还扶持韩庙村根据当地的土壤和地理条件，大力培育无公害优质水稻特色产业，带动种粮大户和贫困户参与进来，建立自己的品牌，注册了“金禾苗”牌系列无公害优质米商标。

合作社成立后，市妇联邀请农技专家杨良金担任技术顾问，引导农民科学种植。在给韩庙村农民做免费技术培训时，杨良金指出：过去，本地农民习惯采用麦稻两熟的种植方法，但是，由于第一茬水稻生育期长，导致第二茬小麦必须延迟播种，因而耽误了小麦上市时间，造成农民不应有的经济损失。现在，建议他们改变原来的生产方式，采用油稻两熟的种植方法，既能增加收入，又能提升水稻品质。

◆“金禾苗”牌无公害优质米

为发挥种植基地示范引领作用，430亩的生产基地以“专业合作社+农户+基地+企业+市场”的模式，进行生产经营，通过统一品种、统一管理、统一施肥、统一收购、统一储存和统一销售，进行全程监管和指导。开设了“韩庙村科学种粮讲堂”，市农技中心副主任宋卫兵带领专家们多次开展科学种粮培训讲座，为种植户讲授相关知识，并深入到田间地头现场指导合作社农民进行科学种植，提高广大农民科学种植水平，合力打造优质农业品牌。

（二）育人——扶贫必扶智，谋好教育扶贫计

“扶贫先扶智”，是习总书记新时期对坚决打好、打赢脱贫攻坚战的重要思想之一。让贫困地区的孩子接受优质的知识教育，是扶贫开发的一项重要决策。扶贫除必需的“输血式”措施外，长远来看，一定要以“扶智”来阻断贫困的代际传递，即培养一名贫困学生，脱贫一户贫困家庭，带动和激发一村的脱贫动力。所以，教育乃是贫困脱贫的重要手段。因此，芜湖市妇联针对韩庙村实际情况，大力实施“育人工程”，努力谋好

教育扶贫计。

在芜湖市妇联协调组织下，芜湖市红黄蓝培训学校、安徽出众教育、棒棒糖儿童摄影、芜湖孩子王和中国科学技术大学终身学习实验室、芜湖领略文化传媒有限公司等爱心单位走进贫困村韩庙子河小学，将城市优质教育资源进行整合，为58名小学生（现有22名）量身打造“多彩童年公益课堂”，训练其学习多项技能，提升其综合艺术素养。

◆“多彩童年公益课堂”之书法课、手工课、音乐课、舞蹈课掠影

“多彩童年公益课堂”设在每周三的下午，其中14:00—14:40为注意力、记忆力训练和国学学习，14:40—16:40为艺术类学习（绘画、书法、合唱、舞蹈、手工等），以学习能力训练、艺术课程教学等方式提升学生的学习能力和艺术修养。同时，注重家庭教育和学校教育相结合，举办家长学校讲座，提高家长的科学家教理念和方法，启发贫困家庭的孩子用自己的双手去创造未来、根除贫困。

（三）整合——社会总动员，架起扶贫连心桥

在市妇联的积极鼓励和引导下，市妇联主管的五大协会组织和社会各

界爱心单位、爱心组织、爱心人士踊跃参与到精准扶贫工作中来，充分发挥群团组织广泛联系群众的优势，自愿选择贫困村、贫困户进行结对帮扶，共同架起一座扶贫连心桥。

一是实施“春蕾计划”，情暖贫困学子。通过市、县、乡妇联组织，积极为“春蕾计划”筹集资金，帮助贫困家庭孩子完成学业。截至目前，市妇联采取“1+1”结对资助方式向贫困村发放爱心助学款，帮助20名贫困学子完成了小学、初中、高中学业，社会各界的爱心善举为贫困孩子撑起一片绿荫。二是实施长效捐资助学。在市妇联牵线搭桥下，爱心机构走进贫困村的贫困家庭，通过“成长之路，与你同行”助学活动，帮助贫困家庭及其贫困儿童申报资助项目，贫困儿童将获得每月100元且时长为3—5年的资助。三是定向扶持贫困户养殖家禽。市妇联发动女企业家协会会员和社会爱心人士结对帮扶贫困户，定向收购贫困户养殖的家禽，辐射带动贫困户发展养殖经济，增加家庭收入，实现脱贫致富。

通过不断完善社会扶贫工作机制，搭建爱心扶贫平台，积极推动并形成了全社会关注扶贫、参与扶贫、支持扶贫的浓厚氛围。

具体成效

（一）“金禾苗”牌优质米喜获丰收

付出的劳动虽然艰辛，但丰收的硕果非常喜人。2017年，合力打造的优质品牌——“金禾苗”牌无公害优质米喜获丰收，促进了农业增效，实现了农民增收，壮大了村集体经济。九连圩现代农业专业合作社通过土地流转，整合了零散的土地资源，使产业走上了规模化、标准化，同时引领农户树立品牌意识，走出了一条致富路。通过实施“育苗”工程，广大农民接触并学习到了先进的农业科技，转变了传统的种植思维，增强了农业种植“三良”（良种、良心、良法）意识，树立了科学的种植观念，成为掌握现代农业科技知识的新时代创新型农民。

◆ “金禾苗”牌无公害优质米收割现场

值得一提的是，由于缺少销售经验和渠道，“金禾苗”牌优质米曾在销售过程中出现了滞销，在帮扶单位市妇联的大力宣传和帮助下，终于渡过难关。2017年年底，经芜湖市农委监测认可，“金禾苗”牌无公害优质米正式上市销售，销路总体不错，截至2018年3月底加工生产的18万多斤生态大米售出12万斤，但仍有6万多斤剩在了仓库。俗话说“存稻不存米”，如果稻谷不加工成大米，存放久一点是没有关系的，但是因为村里没有加工成米的设备，要运到其他地方去加工，所以去年就一次性加工了18万多斤大米。无公害大米不含任何防腐剂，气温越来越高，村里也没有专业的恒温储备仓库，仓库里剩余的6万多斤生态大米4月底前不卖出，品质就要受到影响，如果米坏在仓库里，那大家就白忙活了。销售大米的收入有一部分将用来帮扶贫困户，所以大米卖不出去村民们都跟着犯愁。至此困难之际，市妇联再次伸出援手，通过广泛宣传，发动社会各界爱心力量，寻找销售渠道，如在第一农经网、《大江晚报》等媒体上刊登报道，最终顺利解决了滞销难题。

（二）贫困学子走上舞台，德、智、体、美全面发展

贫困村的专业老师和艺术老师尤其缺乏，通过实施“育人育苗”工程，在爱心单位的帮助下，两年半来，市里的老师们风雨无阻，无偿地来到这里给孩子们授课，贫困村也能享受到高质量的教育资源。在专业老师们的精心教学下，贫困村的孩子们提高了学习能力，提升了艺术素养，拓宽了知识面。通过学习，贫困家庭孩子们也感受到快乐的童年生活，增强了用双手去创造未来的信心和能力，并在心田里播下了希望的种子。

◆孩子们展示文艺汇演获奖荣誉证书

2017年6月2日下午，一场特殊的汇报演出在芜湖苏宁广场举行，这场演出的表演者是无为县泥汊镇韩庙村子河小学的22名孩子们，而这22名孩子也是该校的全部学生。

城里的孩子想学艺术是一点不难，但对贫困村韩庙村子河小学的孩子们来说，却是一件心有向往却很难实现的事情。学校现在一共只有22名学生，包括校长在内一共5名老师，而艺术类的专业老师一直是个空白。从2016年2月至今，市妇联实施了“育人育苗”三年行动规划，在子河小学

开设“多彩童年公益课堂”。校长方永状在接受记者采访时说到，“到现在为止，已经5个学期了，每周三下午，市妇联联系的爱心学校，都派出志愿者老师给孩子们上美术、舞蹈、书法等艺术类课程，深受家长和孩子们欢迎。我们学校2016年的时候有58名学生，现在只剩下22名，但是老师们的义务授课一直没有间断。我总是对孩子们说，你们真的非常幸运！”两年半来，孩子们如饥似渴地吸收着城里老师送来的艺术课，他们的艺术素养、素质提升都很快。

连续三年的“六一”儿童节，市妇联都把子河小学的孩子们接到芜湖市里过节，孩子们也用他们精心排练的节目作为汇报演出，表演给义务授课的老师们、关心关爱他们的市妇联及社会各界的长辈们看，贫困村的孩子一样感受着多彩、快乐的童年。

思考启示

“育人育苗·脱贫致富”工程的成功实施，有力调动了广大干部、群众参与到扶贫攻坚工作中的积极性，推动形成了村和谐发展、科学发展的良好局面，使韩庙村在2017年年底顺利完成户脱贫、村出列的目标任务，成功摘掉了多年贫困村的帽子，实现了华丽转身。韩庙村的成功脱贫案例，有以下几点启示：

（一）建立联席工作机制，坚持一线工作法，是顺利开展精准扶贫、精准脱贫工作的重要保证

作为帮扶单位，积极当好扶贫主心骨，坚持一线工作法，推动扶贫、脱贫工作开展。一是在帮扶村建立由帮扶单位、扶贫村所在乡镇党委、驻村扶贫工作队、村“两委”组成的联席会议制度，及时通报情况，研究问题，制定精准帮扶措施；二是完善交办、督办制度，按照“季调度、月会商、周计划、日落实”推动精准扶贫工作深入开展；三是查实情、办实事，帮扶单位和扶贫工作队做到深入一线发现问题，坚持调研与指导相结

合，研究分析和落实工作相结合，摸实情、出实招，扎实有效开展精准扶贫工作，努力实现“情况在一线掌握、问题在一线解决、措施在一线落实、成效在一线体现”。

（二）找准扶贫对象，明确扶贫靶向，是有效开展精准扶贫、精准脱贫工作的重要环节

精准识别摸底子，精准施策找路子，精准脱贫摘帽子。因人制宜、因户施法，是实现精准扶贫、精准脱贫最有力的抓手。就产业扶贫而言，需要正视扶贫村产业扶贫面临的困难、问题，真正弄清“有所难为”的根本原因。

在实施“育人育苗”工程、推动产业扶贫的过程中，发现的问题包括：一是思想观念有偏差。一些同志面对周期长、市场风险大的产业扶贫项目怕苦畏难，不想干、不愿干。二是信息获取有障碍。贫困群众缺乏获取信息的工具和能力，对各类信息的掌握缺乏、不及时。三是技术服务不到位。贫困农民缺技术，大多只能从事低水平、小规模的小农经济，而基层农技服务体系又不健全、不完善。四是生产方式不适应。农业产业化程度还不够高，生产条件比较差，生产方式比较落后。

针对出现的这些问题，我们及时开展了有针对性的精准帮扶工作。一是加强教育引导。扶贫先扶志，把好思想脱贫关，把解放思想、开动脑筋作为一种常态，以新的思路、新的理念来谋划和推动精准扶贫工作，帮助贫困村和贫困户克服“等、靠、要”思想，激发群众“思发展、要发展、快发展”的内生动力。二是抓好规划引领。经过反复论证，立足扶贫村实际，按照“一村一品”要求进行产业布局。三是抓好信息服务。立足互联网、电子商务及新媒体的功能，帮助合作社建好销售平台，及时解决贫困村特色产品销售难问题。四是抓好技术培训。邀请农业科技专家到村到现场进行指导、结对帮带，使农民看得懂、学得会、能操作。五是抓好示范带动。抓好项目示范，以扶持建立现代农业示范基地和农机大院建设扶贫项目为载体，实现“扶持一个项目、带动一个产业、发展一片经济、脱贫

一方百姓”。

（三）凝聚社会力量，动员社会帮扶，是推动开展精准扶贫、精准脱贫工作的重要举措

扶贫济困是一项社会系统工程，需要充分发挥社会各界、各类社会组织的作用，广泛凝聚社会力量，多种形式共同推进，形成强大的工作合力。在帮扶韩庙村脱贫的过程中，市妇联充分利用了自身优势，健全组织动员机制，将组织优势变成扶贫优势，把组织活力化为脱贫攻坚的动力，搭建社会参与平台，努力营造全社会关心扶贫、爱心助贫的良好氛围，推动形成政府、社会协同推进的大扶贫工作格局。一是加强舆论引导，注重典型示范带动。组织开展了芜湖市十大女杰之扶贫济困先进人物评选活动，协调主流媒体聚焦巾帼扶贫，用生动、真实、感人的事例讲好扶贫故事，宣传最美扶贫人物，激发社会扶贫正能量。二是构建扶贫志愿服务网络，组织开展扶贫志愿者行动，引导社会爱心力量广泛参与到扶贫工作中来。三是建立扶贫公益平台，积极开展扶贫日等公益活动，进行广泛宣传。四是打造社会扶贫品牌，开展扶贫助学行动，关注贫困学子，帮助贫困学子。五是实施巾帼文明行动，引领参与爱心扶贫公益行动，在全社会营造“关注贫困、关爱弱者、帮助脱贫、乐于助人”的良好风尚，动员爱心单位和爱心人士为困难群众和贫困家庭奉献大爱，让困难群众早日摆脱贫困过上好日子，共同奏响全社会扶贫济困的和谐乐章！

（撰稿人：吴昊）

案例点评

扶贫先要扶智，靠外力大包大揽式的扶贫只会暂时改变贫穷现状，却不会惠及长久。脱贫要坚持“富口袋”先“富脑袋”，

鼓励贫困地区群众努力挖掘发展的内生动力，变被动为主动，释放更多潜能与活力，激发他们脱贫致富的信心和决心。

芜湖市妇联是无为县泥汊镇韩庙村的帮扶单位，针对韩庙村村情，做到精心谋划、对症下药、精准滴灌、靶向治疗。扶贫过程中，既抓产业扶贫，又抓教育扶贫，充分发挥群团组织广泛联系群众的优势，完善机制、整合资源、搭建平台，使韩庙村成功摘掉了贫困村的帽子，实现了华丽转身。

作为成功脱贫的案例，总结工作经验、形成可复制和借鉴的工作方法是本案例的核心要义之所在。“育苗”“育人”“整合”，市妇联在韩庙村的扶贫实践和探索中环环相扣、层层推进、水到渠成。先从产业扶贫开始，变“输血”为“造血”，成立合作社，因地制宜，改进生产方式，提高种植水平，打造优质品牌，走出了一条符合村情的产业扶贫路。再从教育扶贫入手，形成长远的治本之策，大力实施“育人育苗”工程，提升教育质量和均等化程度，以“扶智”来阻断贫困的代际传递。最后充分发挥市妇联的自身优势，凝聚社会力量，动员社会帮扶，营造全社会关心扶贫、爱心助贫的良好氛围，推动形成政府和社会协同推进的扶贫工作大格局。

整篇案例思路清晰、层次分明、结构合理，语言表述简练生动、逻辑性强，能结合国家精准扶贫的政策和韩庙村的村情分析问题、解决问题，且见解独特、措施具体，研究有深度，具有较强的可操作性和推广价值。

（点评人：吴强）

健康扶贫　惠民暖人心

——南陵县卫计委开展全县健康脱贫工作纪实

贫困和疾病成为横亘在南陵县扶贫脱贫道路上的两座“大山”，因病致贫、因病返贫的现象在南陵县时有发生，全县贫困发生率达1.53%，因病致贫、返贫发生率就达0.81%，贫困程度深，脱贫攻坚任务重。群众的需求在哪里，扶贫的方向就在哪里。近年来，南陵县不断深化医疗卫生体制改革，深入开展健康精准扶贫，探索建立多重医疗保障制度，不断提升医疗卫生服务水平。三年来，累计有152万人次参加城乡居民医保，平均每年参保人数50万人，老百姓看得起病、看好病的梦想逐渐实现。消除贫困、改善民生、逐步实现共同富裕，确保到2020年农村贫困人口实现脱贫。

案例背景

南陵县位于安徽省东南部，是芜湖市管辖县之一，地处皖南丘陵向沿江平原过渡地带，是通往“两山一湖”（黄山、九华山、太平湖）的重要门户。县城总面积1263.7平方公里，辖8个镇，157个行政村，总人口55.6万人。2014年建档立卡贫困户8345户、贫困人口19126人，建档立卡贫困村8个，截至2018年4月30日，健康扶贫动态系统贫困户3189户、贫困人口7838人，同2014年比贫困户和贫困人口分别减少了5156户和11288人，且分别下降了61.79%和59.02%。

事实上，南陵县健康扶贫的资源并不匮乏。之前，民政部门每年都设有医疗困难救助资金，医疗部门有新型农村合作医疗保险，但资源整合利用不到位，医疗救助成效不明显。对此，南陵县不断深化医疗卫生体制改革，将城乡居民基本医疗保障、代缴新农合、大病补充保险以及特殊困难人群救助政策进行叠加，探索出了健康扶贫的新途径和新做法。

主要做法

（一）多措并举

方世清老人，75岁，许镇镇华林村人，翻开他的慢性病就诊证，上面就是一串长长的诊断：慢性支气管炎及支气管哮喘、脑血管意外恢复期、慢性活动性肝炎、心脏病伴心功能不全。现在，幸福的笑容始终绽放在他的脸上，老人逢人就说："要不是政策好，不是政府，我早死了！去年住了好几次院，有一次住院就花了4000多元，自己一分钱也不用拿；今年疝气做手术，因为基础疾病发作导致住进了ICU，医疗费用6000多元，自己仅支付了200元。"

1.城乡居民基本医保制度执行到位，落实"两免、两降、四提高"综合补偿政策

"两免"：（1）贫困人口参保个人费用由县民政部门从城乡医疗救助基金中全额代缴。（2）实行省内定点医疗机构就诊先诊疗后付费，并取消住院预付金。

"两降"：（1）降低基本医保补偿门槛，贫困人口县域内普通门诊不设补偿起付线，在镇卫生院和县、市、省级医疗机构住院补偿起付线分别降至100元、300元、500元、1000元。（2）降低大病保险起付线，由2万元降至0.5万元。

"四提高"：（1）提高基本医保补偿比例，县域内普通门诊医药费用限额内实际补偿比提高至70%，常见慢性病门诊补偿比提高至75%，特殊慢性病门诊参照住院治疗的补偿标准给予保障；在镇卫生院和县、市、省级医疗机构住院保底补偿比分别提高到90%、85%、65%和60%，其中患特殊慢性病住院治疗再提高5个百分点。（2）提高重大疾病及慢性病保障水平，贫困人口慢性病病种由现行基本医疗保险规定的40组扩大到50组。其中常见慢性病35组，特殊慢性病15组，重大疾病也由12组扩大到44组。（3）提高大病保险分段补偿比例，由50%—80%分别提高至60%—90%。（4）提高医疗救助水平，贫困人口全部纳入医疗救助范围，医疗救助水平按年度住院合规医药总费用（含特殊慢性病门诊）的10%给予救助。

2. “351”“180”政策用到位

“351”：贫困人口通过基本医保、大病保险、医疗救助“两免、两降、四提高”等综合补偿后，在县域内就诊个人年度自付费用不超过0.3万元，在市级医疗机构就诊个人年度自付费用不超过0.5万元，在省级医疗机构就诊个人年度自付费用不超过1万元，剩余合规医药费用实行政府兜底保障。

“180”：实行贫困人口慢性病门诊补充医疗保障。贫困人口慢性病患者一个年度内门诊医药费用，经“三保障、一兜底”补偿后，剩余合规医药费用由补充医保再报销80%（简称“180”补充医保）。

3.健康脱贫补丁政策落实好

（1）防返贫。根据中共南陵县委办公室南陵县人民政府办公室印发《关于巩固提升扶贫成果防范返贫的实施意见（试行）的通知》（南办发〔2016〕53号）文件规定，对于在县内医疗机构就诊的贫困人员，在享受健康扶贫政策后自付费用承担仍有困难，对自付费用不足部分实行再保障。对所有建档立卡贫困人口按规定政策报销后合规医疗费用个人自付部分过高、支付仍有困难的贫困户，给予医疗费用再救助。目前，全县累计救助128户53.1万元。

（2）一事一议。南陵县卫计委、县财政局、县扶贫办印发《关于进一步完善健康脱贫综合保障政策的通知》（卫计办〔2017〕402号），增加贫困人口慢性病病种，在《南陵县农村贫困人口综合医疗保障制度实施方案》规定的50种慢性病病种的基础上，将贫困人口慢性病病种增加到56种，增加贫困人口慢性病用药目录，增加贫困人口慢性病购药渠道，对贫困人口在省内合法药品零售机构购买的药品费用和限额外门诊费用实行再补偿。同时，三个单位还联合印发《关于追补贫困人口医疗费用的通知》（卫计办〔2018〕25号），对2017年度贫困人口自付起付线和省定44组重大疾病患者医疗费用进行追补，追补费用共计906053.93元。我县贫困人口住院综合医保平均报销比例达90.91%。

（3）补充商业保险。相关部门联合印发《南陵县建档立卡农村贫困人口医疗费用补充商业保险实施方案》，对县扶贫部门确认的所有建档立卡贫困人口（也包括2014、2015年建档立卡人口），经“三保障、一兜底、一补充”等综合医疗保障的基础上，建立医疗费用补充商业保险制度，基本解决贫困人口因病治疗费用。

（二）新思路，新方法

一是集中培训。组织集中培训，共分县、镇、村三级进行系统培训，参加各级培训的人员有村医、村计生专干、各级医疗机构医护人员等共计3万人次（含7838人贫困人口）发放健康脱贫医疗费用告知单。

二是印发《2017年南陵县健康脱贫宣传工作方案》（卫计办〔2017〕125号）文件。统一制作县、镇、村三级医疗机构健康脱贫宣传栏、宣传标识；印制6万份宣传册、1.2万份宣传单及“三保障、一兜底、一补充”医疗费用报销明细告知单进行入户宣传，每户入户宣传10次以上健康脱贫政策。

三是利用网站、报纸、电视、脱贫攻坚巡回文艺汇演等各种途径进行健康脱贫优惠政策宣传。其中《安徽日报》《芜湖日报》都刊登了健康脱贫专题文章。

四是积极组织开展扶贫日宣传。2017年10月17日是国务院设立的第四个全国扶贫日，通过大排查、义诊、帮扶、扶贫日认捐、观看2017年全国脱贫攻坚奖特别节目《最深的牵挂》等形式，积极组织卫计系统各单位开展扶贫日活动。

（三）一站式提升便民化

曾几何时，县、乡、村三级由于医疗资源不足，导致南陵县城乡居民患病无论大小都往大城市、大医院跑，费时费钱费力，让人苦不堪言。

南陵县三里镇孔村村高垅组村民孙志满有着深切体会，他已经67岁了，患病多年，需经常去医院治疗。以前，他天天往医院跑，每次去都好多人，还要带一沓钱。现在，孙志满笑眯眯地说："再也不用挤公交车去县城，不用带很多钱去大医院了，去村卫生室很好，那里的医生服务态度也好。"

1.畅通渠道，方便贫困人口就诊

县卫计委印发《关于要求医疗机构执行贫困人口先诊疗后付费政策的通知》（卫计办〔2016〕351号），为每个贫困人口发放医疗服务证，各医疗机构开设了贫困人口绿色通道，设立了贫困人口就诊专用窗口，建立了县域内贫困人口先诊疗后付费机制，全面落实"351""180"综合医保政策；印发《南陵县农村贫困人口综合医疗保障制度实施方案》（卫计办〔2016〕312号）和《南陵县农村贫困人口慢性病门诊补充医疗保障实施方案》（卫计办〔2017〕111号），基本医保、大病保险、医疗救助、健康脱贫专项补助资金联动，实现了信息互通共享、"一站式"信息交换和即时结算服务。

2.简化程序，方便贫困人口办证

县卫计委印发《农村贫困人口慢性病集中鉴定镇卫生院工作职责》（卫计医〔2017〕132号）和《关于办理2014年、2015年建档立卡脱贫人口慢性病就诊证实行简易程序的通知》（卫计办〔2017〕375号），对贫困人口慢性病患者简化办证流程，认定慢性病需要的病历材料由镇卫生院以上医疗机构提供即可；将贫困人口慢性病病种扩大到56种，对贫困人口中慢性病患者进行摸底，所有建档立卡贫困人口办理慢性病就诊证实行简易程序，认定慢性病需要的病历材料由镇卫生院提供即可，做到应办尽办。同时，县卫计还邀请芜湖市精神病院专家到各镇为患精神类疾病的贫困人口集中办证。

◆分管县领导下乡调研健康扶贫工作

3. 大病专项救治

大病专项救治工作根据医共体分工至两个医共体单位，医共体牵头单位南陵县医院、南陵县中医医院为两家定点医院，定点医院实行分管领导负责制，成立扶贫办，安排专人负责，制定了相关病种的临床路径，指导地方规范诊疗行为，保障医疗质量安全；合理选择药品、耗材和治疗方案，控制医疗费用；安排专家救治组入户与各镇卫生院大病患者面对面，制订救治方案。对需要救治的实施分级诊疗，按临床路径实施救治，并做好台账及个人档案管理。目前，我县15种大病（儿童急性淋巴细胞白血病、儿童急性早幼粒细胞白血病、儿童先天性心脏房间隔缺损、儿童先天性室间隔缺损、食道癌、胃癌、结肠癌、直肠癌、终末期肾病、乳腺癌、宫颈癌、甲状腺癌、前列腺癌、膀胱癌和白内障）人数为254人。

◆为全县建档立卡贫困人口免费进行健康体检

4.全面加强服务能力建设

积极打造“医疗联合体”，优化分级诊疗措施。运用医共体的政策推进县级医院帮扶镇卫生院建设，建立不同级别医院之间的分工协作机制，加快形成基层首诊、双向转诊、急慢分治、上下联动的分级诊疗模式；加强县、镇、村三级医疗卫生服务机构标准化建设。目前，我县一体化卫生室134个，2018年将完成50个标准化村卫生室建设和维修，基层中医馆建设数7个，5个已完工，2个正在建设中，2018年年底前完成并投入使用。通过防病措施的落实，让群众少病，通过签约服务让群众得到及时的连续的医疗卫生服务；通过大病专项救治，减轻大病患者的病痛，增强他们对生活的信心；通过提高综合医保的保障水平，让贫困人口能看得起病。

（四）“一道线”架起连心桥

南陵县以人人享有基本公共卫生均等化服务为目标，促进公共卫生项目的落地，筑牢群众健康的第一道防线。

一是家庭医生签约和体检。组建县、镇、村三级“1+1+1”家庭医生签约服务团队，由医共体牵头、县级医院安排1名医务人员、镇卫生院（社区卫生服务中心）安排1名医务人员、村卫生室（社区卫生服务站）安排1名乡村医生（社区医生）共同为签约对象提供服务。组织医务人员携带医疗器械上门为年老体弱和行动不便的贫困人口做免费健康体检和家庭医生签约、履约服务，并进行健康脱贫优惠政策宣传。

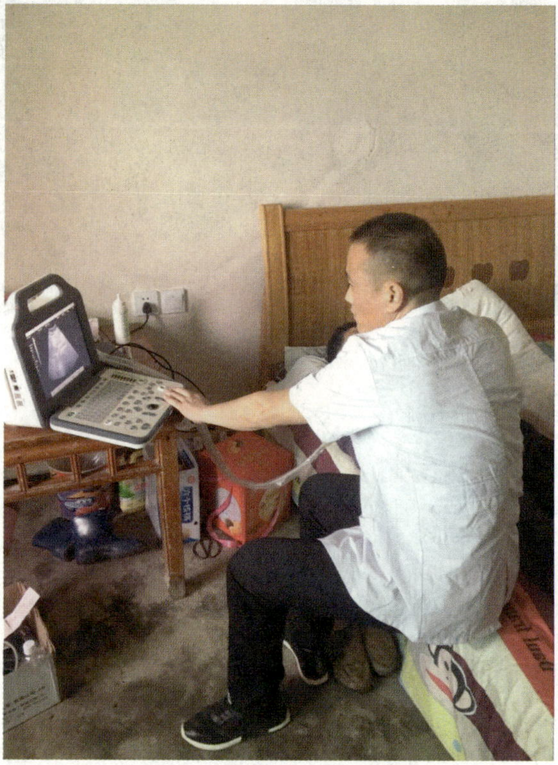

◆医务人员上门为行动不便的贫困人口做健康体检

印制《南陵县贫困人口家庭医生签约服务手册》，将贫困人口政策宣传、家庭医生签约服务协议、家庭医生签约服务记录等装订成册，方便脱贫工作的记录汇总。

二是发放健康支持性工具。县卫计委发放控油壶、控盐勺、围裙等健康支持性工具，组织基层医务人员为全县3189户贫困户挨家挨户发放，同时宣传健康脱贫政策，坚持防治并重，进一步提高群众政策知晓率和满意度。

三是“两癌”筛查。完成全县8个镇2016年建档立卡农村贫困人口35—64岁妇女“两癌”检查任务，提高检查人员的技术水平和服务质量，承担农村妇女“两癌”检查人员培训覆盖率90%以上；逐步提高农村妇女自我保健意识，农村妇女“两癌”防治知识知晓率达80%以上。目前，“两癌”筛查完成率达80%。

不断提高突发公共卫生事件预测预警能力、风险防范能力和应对处置能力。对医疗机构、学校、住宿业、沐浴业、集中式供水单位等加大卫生监管力度，监督覆盖率达100%。

生活要小康，身体要健康。一项项贴心的服务，搭起一座座桥梁，让基本公共卫生服务均等化惠及千家万户。

具体成效

2017年1月1日至12月29日，全县累计补偿59256人次（包括门诊），累计补偿金额3284.10万元，其中新农合支出2417.81万元，大病保险313.96万元，医疗救助337.23万元，政府兜底113.98万元，“180”补充医保101.12万元。县域内贫困人口住院实际补偿比达90.91%以上，贫困人口慢性病患者达（不含门诊）95.99%，患有慢性病的贫困人口办理的慢性病就诊证3122本，办证比例为39%。

思考启示

国家扶贫开发进入新阶段以来，推动健康扶贫是实现2020年全面建成小康社会的应有之义。从南陵县的做法，我们得到如下启示：

其一，整合资源、形成合力是实施健康扶贫的根本保证。健康扶贫的资源往往分散于多个政府部门，交叉重叠在所难免。为最大程度惠及贫困人口，南陵县整合城乡居民基本医疗保险、大病补充保险补助和民政医疗救助的制度资源，建立医疗卫生服务部门协调联动机制，构建了三张“民生网”，实现了多部门资源叠加的医疗保障扶贫，实现了“1+1>2”的良好效应。

其二，政策倾斜、提高标准是实施健康扶贫的重要抓手。贫困群众本身经济实力弱、抗风险能力较差，在医疗保障的制度设计中，应更多地考虑贫困人口的实际困难和经济承受力，量身制定针对性政策措施。南陵县在“三保障、一兜底、一补充”政策基础上，探索建立了贫困人口补充商业保险和防范返贫“一事一议”等健康脱贫补丁政策，切实保障了贫困群众的切身利益。

其三，关口前移、预防为先是实施健康扶贫的关键一招。从源头上降低因病致贫、因病返贫的风险，是提高贫困群众健康保健知识水平和防病能力的关键。南陵县的实践证明，通过加强健康宣传教育及疾病预防措施，加强农村医疗卫生服务建设，是解决群众看病难、看病远、看病贵的有效举措，也是降低农村人口因病致贫风险的理性之举。

精准扶贫就是针对贫困群众需求，对症下药。因病致贫和因病返贫，是脱贫攻坚中的“顽疾”。南陵县积极打造“医疗联合体”，优化分级诊疗措施，运用医共体的政策推进县级医院帮扶镇卫生院建设，建立不同级别医院之间的分工协作机制，加快形成基层首诊、双向转诊、急慢分治、上下联动的分级诊疗模式。同时，加强组织领导，尽锐出战、精准施策，加强政策宣传，强化工作调度，切实落实各项健康扶贫措施，高效完成各项健康扶贫任务。

（撰稿人：吕晋　丁金枝）

案例点评

党的十九大报告指出，从现在到二〇二〇年，是全面建成小康社会的决胜期。习近平总书记强调，全面建成小康社会，标志性的指标是农村贫困人口全部脱贫、贫困县全部摘帽。农村贫困人口脱贫作为全面建成小康社会的“突出短板”，在“十三五”规划建议中被称为“最艰巨的任务”。

健康脱贫是脱贫攻坚战的基础工作，做好健康脱贫需要完善大病兜底保障机制，解决好因病致贫返贫问题。文章以芜湖市南陵县近几年健康脱贫实践为案例，详细叙述了该县在健康脱贫工作中的主要做法。南陵县将健康扶贫作为扶贫工作的重中之重，全力推进，探索出了诸多健康扶贫的新途径。

首先，在坚决执行城乡居民基本医保制度的基础上，进一步落实“两免、两降、四提高”综合补偿政策和“351”“180”政策。经过上述系列政策补偿，争取将剩余合规医药费用降到最低。为预防农村贫困人口因病返贫，南陵县政府进一步出台关于巩固提升扶贫成果防范返贫的专项通知，对按规定政策报销后，合规医疗费用仍难以支付的贫困户再次给予医疗费用救助。同时，将增加贫困人口慢性病用药目录，增加贫困人口慢性病购药渠道，建立医疗费用补充商业保险制度等政策进行叠加，多措并举，基本解决贫困人口因病返贫的问题。

其次，针对城乡医疗资源分配不均问题，南陵县政府通过开设贫困人口绿色通道、设立贫困人口就诊专用窗口、简化贫困人口办证流程等途径，方便贫困人口快速得到诊治。另外，在全县开展大病专项救治工作，保障医疗质量安全，通过全面加强服务能力建设，提升贫困就医人口的幸福指数。

最后，南陵县政府为实现人人享有基本公共卫生均等化服务的目标，在全县范围内组建家庭医生签约服务团队，发放健康支持工具，开展“两癌”筛查活动。一项项服务型政策的出台，在当地贫困人口和政府之间搭建起了一座暖心桥，让广大贫困户真正在公共卫生服务方面享受到改革开放带来的红利。

文章结构严谨，层次清楚，重点突出，语言概括简练，较好地归纳了健康脱贫工作举措中的共同特点。而且，文中贫困案例的选用紧扣标题，具有典型性。

（点评人：汪漪）

农产品搭上电商快车　传递家“香”味道
——无为县泉塘镇泉塘社区电商扶贫之路

在中央“万众创新、大众创业”精神鼓舞下，无为县泉塘镇泉塘社区抢抓无为县获批“国家级发展电商示范县”政策机遇，社区扶贫工作队针对泉塘社区水产养殖户长期存在特色农产品销售不畅的难题，主推螃蟹养殖特色水产，结合电商扶贫，积极探索“互联网+现代农业”的新型发展模式，在发展特色水产品电商品牌、推动精准扶贫方面做出了一些大胆尝试，进一步带动了泉塘社区居民脱贫致富，收到良好成效。

案例背景

泉塘镇位于无为县西南部，是传统的农业大镇，区域内物产丰富、自然条件良好，经多年发展形成了以河蟹养殖、荸荠和席草种植为三大支柱的特色农业产业格局。泉塘社区是2017年精准扶贫“一村一品”特色产业示范村，水产养殖面积约4901.95亩，其中水面养殖面积1678亩，螃蟹养殖面积3223.95亩。长期以来，水产养殖是泉塘社区村民的主要经济来源，全社区从事水产养殖的户数为805户，占社区农业家庭总户数的46%以上。但泉塘社区是贫困村，居民人均收入水平普遍较低，为谋生路大多数村民选择外出打工，青壮年劳动力流失严重。一直以来，泉塘社区水产品缺乏品牌效应，销售渠道多掌握在水产中间商手中，分散的养殖户没有定价权，存在被水产中间商压价收购的现象。社区水产养殖户长期存在特色农产品销售不畅的难题，水产品积压情况较严重，这严重影响了在家从事水产品养殖户的生产积极性。他们既要承担自然风险，又要承担市场风险，一年辛辛苦苦收获甚微，如何破解这个难题？无为县泉塘镇泉塘社区扶贫工作队让农产品搭电商快车销售，做出了成功的尝试。

主要做法

2016年以来，社区扶贫工作队在泉塘镇党委政府、上级组织部门以及选派单位的大力支持和帮助下，立足“互联网+”平台，引导泉塘社区有条件的螃蟹养殖企业、合作社和大户等发展电子商务，鼓励其参与搭建电商服务平台，拓展互联网销售渠道。其中，无为县神泉螃蟹水产养殖专业合作社电商销售服务平台是泉塘社区电商扶贫工作的成功典型，神泉螃蟹水产养殖专业合作社电商销售服务平台以螃蟹销售为主，还拓展其他水产品（青虾、小龙虾）、农产品销售，在探索“互联网+现代农业”的新型电商发展模式中，获得了较好的效益。

（一）选好点

认真遴选试点，打造电商龙头。泉塘社区扶贫帮扶单位市科技局（知识产权局）高度重视电商扶贫工作，帮助泉塘社区申报2016年市科技计划项目，“特色农产品科技惠农平台”项目获立项并给予6万元项目资金，用来支持开展电商扶贫。在泉塘镇农业服务中心的配合下，督促选派驻点帮扶干部带领扶贫工作队走访调研了无为县清源特种水产、无为县神泉螃蟹养殖、郭山农业生态、金牛荸荠种植合作社等多家有意愿发展电子商务的合作社。经过社区扶贫工作队多次实地考察、当面磋商以及同向比较，最终确定由无为县神泉螃蟹养殖合作社牵头，成立无为县顺达电子商务公司。以螃蟹电商销售为切入点，通过线上、线下互动的模式（O2O），构建本地化的电子商务服务平台，进而达到推广宣传特色水产品牌、提升水产品附加值的目的。

2016年，无为县神泉螃蟹养殖合作社在泉塘镇镇政府和社区扶贫工作队的支持和帮助下，获得了“无为螃蟹”地理标志授权，并注册了“泉水牌”螃蟹商标。神泉螃蟹养殖合作社除了依靠传统电脑终端网络销售平台进行网络销售外，还将目光延伸到了刚刚兴起的移动终端平台上，2016年神泉螃蟹养殖合作社开通了微信公众号（濡泉霸王）以及微店。2016年9月，神泉螃蟹养殖合作社整合资源，成立了无为县顺达电子商务公司，主营螃蟹、青虾、小龙虾等水产品网络销售，在本地螃蟹养殖户中产生了较大影响，吸引越来越多的螃蟹养殖户加入电商服务平台，拓宽了销售渠道，无为县神泉螃蟹养殖合作社的电商龙头效应逐步得到显现。

（二）结好伴

广泛联系电商，争取专业支持。神泉螃蟹养殖合作社在螃蟹养殖、线下批发方面具有多年的经验，但苦于没有互联网相关人才和技术支持。为此，扶贫工作队先后邀请了中国科学技术大学、合肥工业大学、安徽工程大学等高校院所的专家教授来神泉螃蟹养殖合作社考察指导，针对需求提供技术，为神泉螃蟹养殖合作社电商发展提供了许多意见和建议。在社区扶贫工作队的帮助下，神泉螃蟹养殖合作社与淘宝芜湖馆、芜湖县村淘等电商公司取得了联系，向他们学习电商操作经验，同时还联系秦歌公司、吾悦食品、小蚂蚁电商等电商企业商议合作意向，并与安徽开垦者电子商务有限公司、安徽三文鱼电子商务有限公司、芜湖智擎科技电子商务有限公司建立了合作关系。如神泉螃蟹养殖合作社于2015年年底与开垦者电商签订了螃蟹线上销售合作协议并取得很好的收益。2016年10月，为了进一步拓展市场，打造特色水产品牌，神泉螃蟹养殖合作社与芜湖智擎科技电商签订合作协议，共同建设特色水产品电子商务服务平台。

（三）充好电

加强电商培训，培养创业力量。社区扶贫工作队在全社区开展摸底登记，引导社区内未就业的大学生、有一定网络操作基础的农村青年、有参与电商销售意愿的种养户参与电商培训，学习电商运营知识，激发起创新创业热情，培养他们成为电商领域的后备力量。这样既能为电商企业物色培养专业人才，又能促进大学生留乡返乡就业，从而增加收入、脱贫致富，可谓一举多得。2016年4月26日，泉塘镇镇政府、无为县电子商务公共服务站中心和神泉螃蟹养殖合作社共同组织了农村电子商务专场培训，镇内主要水产养殖企业、合作社、种养大户都参加了培训学习。螃蟹养殖户对螃蟹产业发展十分关心，他们提出很多关于螃蟹电商发展的关键问题，如怎样建立产品标准，怎样打造产品溯源体系，怎样树立“无为螃蟹”特色品牌等，并在培训现场与电商运营专家进行了热烈讨论。2017年，神泉螃蟹养殖合作社为解决贫困户螃蟹养殖等技术需求，通过新品种引进示范，建立科技示范基地，开展实用技术培训6场次，培训人员300人以上。

◆2017年度顺达电商扶贫培训班活动现场

（四）打好“牌”

打造特色品牌，提升产品质量。社区扶贫工作队发现，物美价廉的无为螃蟹本应在市场上具有较强的竞争力，造成当前螃蟹市场价格偏低、消费者认可度不高的主要原因，就在于没有一个叫得响的特色品牌。于是社区扶贫工作队从树立特色品牌入手，做好“无为螃蟹”统一地理标志下的品牌整合和营销宣传，提升“濡泉”“秀安”等已有螃蟹品牌知名度，并鼓励螃蟹养殖户注册新商标、打造新品牌。神泉螃蟹养殖合作社接受社区扶贫工作队的建议，注册了“泉水”牌螃蟹商标，围绕泉塘镇泉眼众多、自然环境优良的优势，创新性提出品质新鲜、肉质甜美且绿色无公害的“泉水蟹”养殖理念，并结合无为县泉塘镇深厚的历史文化底蕴，打造具有地方特色且深得消费者认可的螃蟹产品电商品牌。同时，社区扶贫工作队跟进做好水产品生态养殖技术指导，提升水产品质量，以味美价廉赢得消费者的好评，打造了泉塘社区电商良好形象。

（五）绘好“图”

泉塘镇党委政府、社区扶贫工作队在发展之初构想采用“政府主导+市场运作”方式，强化“全过程、全要素、全方位”的服务理念，结合本地实际，学习先进地区经验，制定三年发展规划路线图。首先是加强组织保障，建立机构，统一负责，循序渐进，分步实施。其次是建立专家智库，加快电子商务人才培养，提高电子商务的安全保障和技术支撑能力。重点整合人才、市场、资金三类资源，提高电子商务的公共服务和市场监管水平。最后是完善权益保护机制。力争在三年时间内，实现网上交易5000万元的目标，平台上运营本地传统特色产品（包括荸荠）达4—5类。成立冷链物流公司，提高远程存活质量、增大销量半径，让物流更快捷、配送更方便。目标是实现“以平台聚集产业，以产业整合资源，以资源催生服务，以服务助力发展”的物流产业新业态，以降低成本、提高效率、拓展市场、增进效益。

具体成效

（一）泉塘螃蟹特色品牌效应初步显现

在地方政府、专业合作社及社区扶贫工作队的共同努力下，泉塘螃蟹登上中央电视台财经频道的精准扶贫节目。虽然只有短短几个画面，却让大家齐心协力打造的电商品牌获得了相当的知名度，泉塘螃蟹的市场认可度得到提升，越来越多的水产中间商和消费者通过互联网等渠道采购泉塘螃蟹。2017年春节期间，在其他乡镇螃蟹价格停滞甚至出现严重下跌的形势下，泉塘螃蟹市场价格却比去年同期上涨了近20%，尤其在线上销售方面实现突破。“神泉水产”电商平台上线后，不到一个月的时间就有22万元的销售额，微信公众号更是获得了1200人关注，关注人数目前还在快速增长。

（二）电商平台带动螃蟹养殖户共同致富

在社区扶贫工作队的努力下，不仅泉塘社区电商扶贫工作取得积极进展，神泉螃蟹养殖合作社自身也得到了较好发展。2017年，合作社实现年销售产值2200多万元目标，销售螃蟹800万斤、小龙虾400万斤，最终全年销售额达4000万元，其中通过特色农产品电商平台的销售总额就达800多万元。同时，泉塘社区和神泉螃蟹养殖合作社通过电商服务平台这种新型销售模式带动了周边200多户螃蟹养殖户共同致富。

（三）电商扶贫带动贫困户创业就业脱贫致富

神泉螃蟹养殖合作社作为泉塘镇特色产业扶贫基地与泉塘社区15户贫困户签订了帮扶协议，通过订单采购、吸纳就业等方式，直接帮助贫困户脱贫致富，同时也带动泉塘社区获得了每年6000元的集体经济收益。2017年期间，市、县多次在泉塘社区召开扶贫工作现场会，向全市其他贫困村和帮扶单位展示和交流泉塘电商扶贫模式，获得了大家的一致认可。在

2018年年初的芜湖市农产品交易展销会上，市领导走到神泉螃蟹养殖合作社电商展台，对其电商扶贫模式的探索和成果给予了充分肯定。

◆2018年5月泉塘社区贫困户在挑拣龙虾

思考启示

发展电商扶贫，对于我市地处偏远、市场信息迟滞的贫困地区推进扶贫事业具有重要意义。无为县泉塘镇泉塘社区电商扶贫实践给我们的启示是：

其一，转变观念，利用“互联网+精准扶贫”助力脱贫攻坚。进入21世纪后，以互联网为代表的信息技术飞速发展，正在重塑我们的生活。无为县泉塘镇泉塘社区根据当地传统种养殖的发展特点，利用互联网让农产品走出农村，提升了产品价值，充分发挥了其在贫困人口资源配置中的功能，起到了较好的社会效益和经济效益。

其二，把握住市场脉动，利用互联网思维提升精准扶贫水平，让比较优势充分显现。泉塘社区的农产品比较优势在于品质好，劣势在于销路不畅、信息滞后。为此，无为县泉塘镇泉塘社区扶贫工作队积极引导群众特别是贫困群众“知网”“触网”，提高贫困人口的信息化水平，适应快速发展的市场环境，强化市场经济适应能力，让农产品适销对路，当地的比较优势得以充分显现。

其三，借助外力，与知名电商企业签订线上销售合作协议，千方百计吸纳贫困人口就业，增加其收入，提高经济效益，取得了良好扶贫效果。

其四，整合各部门力量，在公共服务、物流配送、基础设施建设、人才培训等方面做好服务，提供配套的政策，以降低营造优越外部环境的成本，为引入或自发形成的电商产业发展壮大提供良好的环境和空间。要发挥金融部门的资金扶持、交通运输部门的物流运送管控、人力资源部门的人员培训、通信部门的通信设施建设等作用，让各方积极参与到电商产业扶贫工作中来，形成齐抓共管的局面，确保电商产业发展的环境舒适、渠道顺畅，扶贫取得实效。

其五，着力打造优质品牌、优质产品和优质服务。开展电商扶贫不仅是为了扶贫，更重要的是要推动产业发展和贫困群众能力的提升。其中一个重要条件，就是相关产业能够提供受到市场认可的产品和服务。对此，必须走品牌化道路，更好地形成产地品牌、产品品牌和企业品牌。在产品或服务标准上，做到统一标识、统一质量，凸显其独特的文化内涵；在营销上，要准确把握产品定位，实行差异化策略，统一线上、线下销售渠道；在服务上，提供优质服务，展现企业整体形象，赢得客户。

其六，以增强贫困个体内生动力为目标，以提升贫困个体人力资本为抓手，精确识别可以利用电商脱贫的贫困个体，让具备基本的学习能力和劳动能力的人，依托政府和社会力量的帮扶，使贫困个体在电商企业生产、加工、仓储、包装、物流等环节实现就业。同时，对贫困个体进行系统的多样化培训，夯实人才建设基础，使其在通用能力、技能、职业素养和知识等多个维度上得到全面提高，胜任工作岗位，适应市场变化，尽快脱贫致富。

（撰稿人：钱扬明）

案例点评

无为县泉塘镇泉塘社区采用了“互联网+精准扶贫”的扶贫模式。此模式是通过搭建网络平台嫁接各种服务于农村的资源，拓展农村信息服务业务，赋予贫困地区的群体（个人和市场主体）获得信息和运用电子商务的能力，以此打破信息的壁垒，降低信息的不对称性，让贫困地区优质资源（环境资源、产品资源、旅游资源）变现，让贫困群体也享受电子商务发展的成果。

通过电子商务的新杠杆撬动精准脱贫的硬骨头，是实现全面小康的有效途径。扶贫实现由“输血式”向“造血式”转变，一是搭建网络平台让贫困及偏远地区的农民及创业者都能得到培训、帮扶及平台对接，让优秀的人才能够留在农村，依托电子商务进行创业；二是搭建网络平台使贫困地区的农民获得信息和运用电子商务的能力，增强发展能力，拓展农产品销售渠道，利用电子商务把产品销往全国各地乃至世界各地，打破信息的不对称，助力当地农业经济发展；三是搭建网络平台改变农民的认识和意识，帮助农民建立质量意识、品牌意识，从而倒逼产业转型，实现贫困地区农产品优质优价，促进农民增收。

（点评人：史守剑）

让扶贫给农村人群带来幸福获得感
——南陵县烟墩镇海井村治环境促健身扶贫纪实

案例背景

南陵县烟墩镇海井村辖21个村民组，有621户2196人，区域面积11.5平方千米，耕地面积3707亩，山场面积9800亩。该村是一个典型的山丘区农村，交通闭塞，土地贫瘠零散，聚落分散空心化，农村产业经济单一，村级集体经济匮乏，农村环境不整洁，脏乱差现象较为严重，农村人群幸福指数不高，体弱病残者占有一定比例。2014年，该村被南陵县确定为贫困村，全村建档立卡贫困户38户，贫困人口100人。2017年5月以来，在扶贫脱贫攻坚战中，驻村工作队和村“两委”班子根据该村现状，提出“以农村环境整治为抓手，努力提升贫困人群幸福指数”的扶贫脱贫工作思路，坚持以提高贫困群体幸福指数为中心，紧紧抓住环境整治不松手，加大农村基础设施建设，建设村民健身场所，改善村民居住环境，让村民享受到城里人一样的生活，增强幸福获得感。一年多来，全村村民在党的政策贯彻实施下，生活水平有了明显提高，经济收入也有了大幅度增长。尤其是海井村和其38户贫困户，在自身的努力和各级党委政府的帮扶下，该村2017年贫困村出列了，36户贫困户脱贫了。

主要做法

（一）以建设健身场所来提升农村生活环境质量，让农村人群养成健身习惯，不断提升农村村民的幸福获得感

该村是芜湖市贸促会定点帮扶的贫困村。2017年5月，芜湖市贸促会和南陵县共同派了驻村工作队。通过走访、调研，驻村工作队认为大部分村民导致贫穷的主要原因是体弱多病，要改变这种现状，就必须要为贫困人群搭建好健身的舞台，树立起强体的意识，以此来改变农村环境面貌。

1.提高思想认识，找到致贫原因

工作队在驻村期间，通过走访调研、与村民接触交流发现，现在的农村一年中除了抢收抢种的4个月时间外，大部分时间都不是很忙，而在这些不忙的时间里，他们又在做什么呢？在平时，只能偶尔看到个别人在马路上散散步，大部分村民都是围坐在一起“吹吹牛、打打牌”，很少能看到他们打打球、跳跳广场舞等一些健身的身影。人的生命在于运动，而这些人由于年复一年的不经常去锻炼身体，必然导致一些村民体弱多病，幸福指数不高，没有幸福获得感。针对这种情况，驻村工作队经分析认为主要有四个原因：一是没有一个固定的制式标准化健身场所；二是群众自身没有积极健身的意识；三是除了过节外，在村留守的大部分人是“386199”人员，而且老、少、弱、病、残者居多；四是村里在引导和宣传工作方面做得还不到位。

2.建设活动场所，激发健身热情

在脱贫攻坚中，做好强体健身文化是脱贫工作，也是巩固脱贫成果，还是打赢脱贫攻坚战的重要因素。当前的海井村，在各级党委政府和有关部门的关心指导帮助下，建起了村级产业示范基地，拓展了“一村一品”内容，带动贫困户就业，增加了贫困户和村集体经济收入。这些都是客观因素，而主观因素就是要让老、弱、病、残和留守儿童真正动起来，让贫

困人群把买药治病的钱用在改善生活质量和防病健体上，从而走出因病致贫桎梏。

驻村工作队感到要想从根本上解决强体健身问题，就是要为群众建设一个制式的文化健身广场。在市贸促会的帮扶下，海井村建起了一处300余平方米的混凝土场地，并在场地上安装了8套健身器材。

◆海井村的村民健身场地正在建设中

3.采取多措并举，掀起健身高潮

开展群众健身强体活动，是落实国家全民健身计划，增强民众体质的一项重要举措，也是减少海井村因病致贫群体的有效手段。活动场所已经建成了，但村民们走出家门到健身场所打打羽毛球、跳跳广场舞总觉得不自在，针对这一问题，驻村工作队通过“四个下功夫”来积极引导和推动村民到健身场所健身。

一是不断在宣传鼓动上下功夫。由于大部分村民一辈子都生活在村里，从没有到外面见过世面，从骨子里就不想从家门走到户外健身场所来健身。针对这一情况，工作队积极做好宣传和思想鼓动，通过扶贫走访，宣传和普及强体健身知识，让村民从内心深处真正感触到，增强体魄减少疾病的紧迫性，走出家门到健身场所上积极参加健身活动的重要性。

◆海井村村民正在健身场所健身

二是积极在培养骨干上下功夫。海井村下辖21个村民组，村民组分布点多面广，要让健身活动开展得有声有色，村民能够积极融入健身活动的氛围中来，工作队在全村选定了一些素质好的党员、群众作为骨干，让他（她）们先到健身广场健身，通过示范带动，积极引导和带领其他村民一起来健身。

三是努力在分片负责上下功夫。村“两委”干部在积极引导村民健身上进行了包片负责，提高村民的身体素质，尤其是贫困人群的身体素质。一方面，包片干部以实际行动带领大家踊跃参与健身；另一方面，根据村民的年龄、身体状况等因素也采取了一些具体的办法和措施，以此不断提升村民的身体素质，增强村民的幸福指数。

四是深入在激励形式上下功夫。大家的健身热情，是需要不断激励的，村“两委”和驻村工作队充分利用以村级示范基地为平台，鼓励有劳动能力的贫困人群积极参加到示范基地的务工中来，这样他们既获得了一定的经济收入，身体还得到了锻炼。下一步，驻村工作队将以广场舞等集体性的活动和开展俯卧撑、仰卧起坐等趣味性强的小比赛等形式来激发大家健身的热情。

（二）从“厕所革命”来改善贫困人群居住环境，让农村人群养成生活习惯，不断提升农村村民幸福感获得感

烟墩镇海井村是一个居住相对分散的山丘区小山村，改建厕所前全村卫生厕所普及率不到70%，村民大部分使用的都是室外旱厕，夏天气味大、蚊蝇多，上个厕所可能都被蚊子叮几个包，冬天雨后路滑，老年人容易摔伤，旱厕中的化粪池就是一个简单的土坑，根本没有净化处理功能，这样的旱厕不仅污染地下水，还影响村容村貌。工作组通过“五个到位”来提高全村的厕所环境。

一是工作认识到位。一个地方的厕所环境，标志着一个地方的文明程度。厕所看起来是小事，可是关系到每一个村民，只有把小事做好了、做实了，村民对美好生活的向往才会有盼头，对幸福感也就有了甜头。对于海井村厕所环境的现状，改厕工作既是推进民俗文明的一个重要举措，更是建设美丽乡村的一个软实力，因此农村改厕工作不能忽视，必须加大对村民的宣传力度，提高村民的思想认识。

二是责任落实到位。为了改厕工作落实到户，取得实质性改善环境的效果，建一个村民满意的工程，镇、村都召开了专题会议，建立健全了改厕工作组织，明确了改厕工作责任主体和有关部门的责任分工，对全村贫困户和非贫困户共621户进行了走访调研，制订了改厕实施方案，形成一级抓一级的工作组织保障机制。

三是宣传引导到位。虽然改厕经费都是政府出，所改的农户不用出一分钱，但在调研中发现，少部分村民由于受到传统观念的影响，还是不愿去改的，针对这一情况，工作队利用上门宣传等方式普及卫生厕所使用的便利和好处，以及其他地方改造过的实际效果，引导村民积极参与、自觉接受改厕，培养群众健康卫生的生活习惯。

四是示范引领到位。在改厕实施过程中，充分发挥广大党员、村干部模范带头作用，让他们带头争当改厕示范户，由他们向村民讲解改厕后的亲身体会，消除部分村民思想的误区，让他们心中有数，并积极参与到农

村改厕工程中来。

五是质量监督到位。海井村理事会成员具体负责改厕中的施工质量，每天把建设情况向村“两委”报告一次，监督过程中发现的一些问题，及时要求施工方进行整改，从而保证了改厕任务高标准、高质量完成，真正惠及广大群众。这次计划改厕300个，目前已完成了100个，还有200个在施工中。

思考启示

享受幸福感，城市人需要，农村人也需要，贫困人群更需要，环境整治和改善就是提升幸福指数、推进脱贫攻坚、实施乡村振兴战略的一个重要抓手。从海井村环境整治来提高农村贫困人群的幸福感可以看出：

（一）重视文化扶贫，是增添农村人群幸福感的精神食粮

一个民族的文化就是一个民族的灵魂、一个民族的发展导向。现在部分农村只顾一味地发展经济，而忽略了文化建设，导致了思想的贫困。要治好这种“贫困病”，就要因地制宜搞好文化实施的投资建设，让村民闲时健身有场所、学习有书屋、娱乐有舞台，这正是乡村振兴的一个重要内容，乡村文化振兴是习近平总书记所说的乡村振兴中五个振兴之一。因此，在扶贫工作中，要重视文化扶贫。

（二）重视环境扶贫，是提升农村人群幸福感的内在动力

环境是一个地方建设发展的清醒剂，你对它好了，它就会感恩于你，你破坏了它，它也会让你加倍偿还。在农村的环境整治中要从规范生活垃圾处理着手，采取一些行之有效的办法，扎实抓好一些小环境、小事情、小问题，坚持不懈，坚持环境整治永远在路上，做到经常抓、抓经常，只有农村环境亮了、美了，感受舒适了，村民们对农村环境也就重视了，农村文明创建工作也就好做了。

（三）重视环保扶贫，是营造农村人群幸福感的宜居环境

环境整治中所遇到的困难很多，在农村由于一部分村民环保意识不强，整治起来困难较大，要利用宣传手册、环保电影等形式宣传和普及环保知识，要通过环保意识强的带动意识弱的、党员干部帮扶等形式，有效提升村民的环保意识，真正塑造一种山美、水美、人更美的宜居环境。

（撰稿人：穆亲林　周红飞）

案例点评

扶贫不仅仅是帮助村民发展生产、提高收入、摆脱贫困、走向富裕，同时也包括改善人们的身心健康、丰富人们的精神文化生活，使人们感受到扶贫工作切切实实地带来的幸福获得感。

南陵县烟墩镇海井村“以农村环境整治为抓手，努力提升贫困人群幸福指数”的做法，正是为村民们带来了幸福获得感，扶贫工作中的环境整治让村民们在乡村也可以过上舒适便捷的生活，提高村民的环境自我保护意识，从而自觉地维护好农村的青山绿水。通过文化扶贫，导入各种积极向上的文体活动，帮助村民告别陈规陋习、移风易俗、锻炼身体、陶冶情操，引领村民对精神文化生活产生更美好的向往。这种“精神脱贫”“健康脱贫”，反过来又激励村民们更加努力地摆脱物质贫困，逐步走向富裕。

（点评人：史守剑）

后 记

消除贫困，改善民生，逐步实现共同富裕，是社会主义的本质要求，是中国共产党的重要使命，也是新形势下，贯彻新发展理念的必然选择。2015年11月29日，《中共中央　国务院关于打赢脱贫攻坚战的决定》要求我国现行标准下农村贫困人口实现脱贫，贫困县全部摘帽，解决区域性整体贫困，由此我国全面脱贫战役正式打响。《中共安徽省委　安徽省人民政府关于坚决打赢脱贫攻坚战的决定》，提出到2018年全省总体上达到脱贫标准，到2020年现行标准下农村贫困人口全部脱贫的战略目标，标志着我省全面脱贫攻坚战役正式打响。2016年4月28日《中共芜湖市委　芜湖市人民政府关于坚决打赢脱贫攻坚战的实施意见》，提出确保到2018年全市贫困人口实现脱贫，确保全市贫困村全部出列，标志着我市全面脱贫攻坚战正式打响。

在开展脱贫攻坚工作中，为切实增强贫困村脱贫攻坚工作力量，更好地推进精准扶贫精准脱贫，我市加强市直包村单位选派帮扶工作，主要是从机关优秀干部、后备干部，国有企业、事业单位的优秀人员中选派政治素质好、“四个意识”强、坚持贯彻执行党的基本路线方针政策、热爱农村工作、有较强组织协调能力、事业心和责任感强、作风扎实、能吃苦的干部到村帮扶。为深入学习贯彻落实党的十九大关于脱贫攻坚的新部署新要求，深入学习贯彻习近平总书记精准扶贫精准脱贫战略思想，认真学习十九大提出的实施乡村振兴战略、中央农村工作会议和中央一号文件精神，总结交流和宣传我市选派帮扶工作中的好典型、好做法、好经验，市委党校、市政府扶贫办适应帮扶脱贫攻坚中心工作，推出《打赢脱贫攻坚战——帮扶脱贫攻坚案例选》。本书出版的初衷是为干部培训提供准备。为深入贯彻中央、省市委打赢脱贫攻坚战的部署，我校在主体班教学中还增设了“打赢三大攻坚战”教学模块，开设了“共享发展与精准扶贫精准脱贫”等专题讲座，启动了“帮扶脱贫攻坚政策解读与案例分析”等课程的征集和开发工作。

本书以帮扶脱贫攻坚为主线，从宏观、中观、微观三个层面将内容分为政策篇、实践篇、案例篇三部分，政策篇主要收录了中央、省、市级部分扶贫文件，实践篇主要收录了习近平总书记的扶贫情结及其精准扶贫、精准脱贫论述在芜湖的贯彻落实情况，案例篇主要收录了芜湖市无为县和南陵县的典型扶贫案例。本书由张勇、李合满、梅林、穆亲林领衔主编，何党生、俞淼参与案例编审，史守剑、钱扬明、吴向龙、沈敏、吴昊、张慧、李龙、吕晋、章颖、纪莹参与案例的调研与撰写，市委党校部分老师对案例做了点评。在编写过程中，本书还参考了省行政学院教学科研成果和《芜湖日报》等媒体的相关报道。

本书编写受到市委党校常务副校长陈旭东、市政府副秘书长靳大鸣同志的高度重视，也得到市委党校刘光副校长及其他领导和相关专家的大力支持。同时，市扶贫办、无为县委党校、南陵县委党校、无为县扶贫办、南陵县扶贫办等单位给予了大力的支持。在此，谨向所有给予本书帮助支持的单位和同志表示衷心感谢。

由于水平有限、经验不足和时间紧迫，疏漏之处在所难免，我们期待读者批评指正。

编　者

2018年10月